快乐思考

创意总监的问题解决法

非クリエイターのた
めのクリエイティブ
課題解決術

[日]斎藤太郎 著　　黄洪涛 译

中国科学技术出版社

·北 京·

HICREATOR NO TAMENO CREATIVE KADAI KAIKETSUJUTSU by Taro Saito
Copyright © 2022 by Taro Saito
All rights reserved.
Original Japanese edition published by TOYO KEIZAI INC.
Simplified Chinese translation copyright © 2023 by China Science and Technology Press Co., Ltd.
This Simplified Chinese edition published by arrangement with TOYO KEIZAI INC., Tokyo, through Shanghai To-Asia Culture Communication Co., Ltd.

北京市版权局著作权合同登记　图字：01-2023-0812。

图书在版编目（CIP）数据

快乐思考：创意总监的问题解决法 /（日）斎藤太郎著；黄洪涛译 . — 北京：中国科学技术出版社，2024.4

ISBN 978-7-5236-0547-9

Ⅰ . ①快… Ⅱ . ①斎… ②黄… Ⅲ . ①企业管理
Ⅳ . ① F272

中国国家版本馆 CIP 数据核字（2024）第 044324 号

策划编辑	杜凡如　李　卫	责任编辑	申永刚
封面设计	东合社·安宁	版式设计	蚂蚁设计
责任校对	张晓莉	责任印制	李晓霖

出　　版	中国科学技术出版社
发　　行	中国科学技术出版社有限公司发行部
地　　址	北京市海淀区中关村南大街 16 号
邮　　编	100081
发行电话	010-62173865
传　　真	010-62173081
网　　址	http://www.cspbooks.com.cn

开　　本	880mm×1230mm　1/32
字　　数	154 千字
印　　张	7.5
版　　次	2024 年 4 月第 1 版
印　　次	2024 年 4 月第 1 次印刷
印　　刷	大厂回族自治县彩虹印刷有限公司
书　　号	ISBN 978-7-5236-0547-9 / F·1220
定　　价	69.00 元

创意案例

老爸，喝一杯吧

小时候，看到爸爸喝酒，
我就不高兴。
因为，平时寡言的他酒后便成了
话痨，总把我夸个不停，还经常
自说自笑。
对此，我非常生气。
长大后，我开始工作了，终于理
解了爸爸。
每天辛苦工作后，饥肠辘辘地回
到家中，看着家人的笑脸，来一
杯嗨棒，实在是无上美味。
明天是父亲节，老爸，喝一杯角
瓶嗨棒吧，女儿祝您永远健康。

父亲节
嗨棒节
你一定也喜欢的角瓶嗨棒

 ストップ！20歳未満飲酒・飲酒運転。妊娠中や授乳期の飲酒はやめましょう。お酒は適量を。　サントリースピリッツ株式会社　　与水共生　三得利

新桥的角瓶嗨棒。

三得利威士忌

嗨棒和炸鸡块绝配哦！

你一定也喜欢的角瓶嗨棒。

人工智能语音翻译器 Poketalk

庆祝销量突破 90 万台

沟通全世界

越变越强的梦幻翻译器 Pocketalk

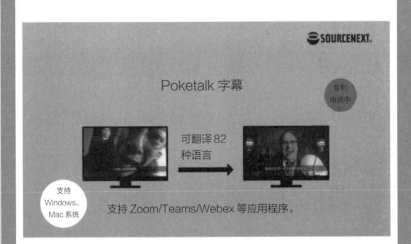

SOURCENEXT.

Poketalk 字幕

专利申请中

可翻译 82 种语言

支持 Windows、Mac 系统

支持 Zoom/Teams/Webex 等应用程序。

（我很惊讶。） （你的奖金没有了。）

SOURCENEXT 公司的 Meeting OWL

线上会议必备

NEW

360° 网络摄像头
SOURCENEXT公司 Meeting OWL

打车软件 GO

怎么走? 用 GO 叫车吧!

前　言

创意是现代商业不可或缺的一部分

当下，创意总监这一职位备受商业市场青睐。比如，乐天和优衣库公司的创意总监佐藤可士和、中川政七商店①和久原本家茅乃舍②的创意总监水野学，这两位都是设计专业出身的风云人物，但并非所有创意总监都是科班出身的，还有来自版权领域或公共关系专业的优秀创意者。

其实，创意总监的工作也并非局限于设计、构思文案或开展公关活动等，他们同时还承担着企业的新项目或新商品的创意、开发及后期支援工作等，即从事使商业成功、促进商品销售和提高营业额等相关的支持工作。也就是说，创意总监作为"企业参谋"的一员，必须参与解决企业在经营上及商业上面临的各种问题。

为什么创意总监必须参与解决企业的经营问题呢？因为对于

① 日本杂货店的代表品牌。——编者注
② 日本综合食品生产公司。——编者注

Ⅰ

现代商业来说，创意已经是不可或缺的一部分。传统的营销模式已经很难打动消费者，让他们接受企业的商品或者服务了。换言之，对很多商务人士来说，创意技能和创意思维是在商战中取胜不可或缺的制胜法宝。

与非专业创意者息息相关的创意工作

看到这里，也许有人会说"我不是美术专业出身的""迄今为止我都没从事过创意类工作""我对创意没有任何概念"等，认为创意和自己无关。在此我想说，这样的想法是不对的。

我是毕业于普通大学的文科生，毕业后虽然在广告代理店工作，但是我被分到了媒体部和销售部等和创意完全无关的部门。甚至当时我都快 30 岁了也没看过《广告批评》《大脑》^① 等广告创意杂志，但我现在也是一名创意总监，接受很多大企业及风险投资企业的委托，给他们提供各种解决问题的方案，包括广告设计及市场营销方案等。

从我的经历来看，我在 30 岁之前一直从事与创意毫不相关的销售类工作，但现在我也成了一位创意工作者，所以我相信读者

---

① 日本著名的广告创意杂志，1961 年创刊。主要刊载设计、产品、空间、影像、文案、商业拍摄和广告传播的最新案例及相关行业采访。——译者注

也一定能像我以及其他优秀的创意总监一样进行创意思考，选择创意方案并帮助企业解决商业经营上的各种问题。

　　本书主要面向非艺术类出身、非专业创意者，以及从没做过创意类工作的读者，向他们介绍如何进行创意思考和培养创意技能，以帮助企业解决经营上的各种问题。

关于 dof 公司

　　忘了给大家做自我介绍了，我是本书的作者，也是 dof 公司的创立者及董事长。近年来，dof 公司策划的为人熟知的创意方案有如下几个。

▶ 三得利公司的角瓶调配威士忌嗨棒

现在，三得利角瓶调配威士忌嗨棒在日本的成年人中可谓无人不知、无人不晓，但在十几年前，情况却截然不同。当年，威士忌在日本的销量已经连续 25 年持续减少了。

为了走出困境，三得利公司决定推进一个新威士忌饮用方法的创意项目——"角瓶嗨棒"，创新之处是提出了用威士忌兑软饮料①或苏打水的饮用方法，以吸引 30 多岁的年轻消费群体。结果，这种威士忌与软饮料或苏打水的完美结合一经问世就大受欢迎，"角瓶嗨棒"项目也因此大获成功。那之后，角瓶调配威士忌嗨棒在日本的大街小巷随处可见，市场零售额也不断增长。

---

① 酒精含量低于 0.5% 的天然的或人工配制的饮料，又称清凉饮料、无醇饮料。——编者注

　　承担三得利公司这个项目的正是我们 dof 公司，我们的工作包括制作促销活动的宣传海报、选定概念句、制作店铺前张贴的海报、承担调制角瓶嗨棒的方法入门教学，以及邀请当红女星小雪、菅野美穗、井川遥等拍摄电视广告等一系列市场推广活动。

▶ SOURCENEXT 公司 ① 的人工智能语音翻译器 Poketalk

　　Poketalk 是一款翻译准确度很高的翻译器，在日本著名搞笑艺人明石家秋刀鱼 ② 为其代言进行广告宣传后，一举成为热销产品。

　　推动这款产品登上热销榜的也是我们 dof 公司。我们与 SOURCENEXT 公司进行了合作，例如，我们向 SOURCENEXT 公司提议以 "一款可以和苹果手机匹敌的革命性翻译器" 为主题开

---

① 日本一家综合性软件企业。——译者注
② 日本落语家、搞笑艺人、演员、主持人。——译者注

展宣传活动，并和他们一起探讨选定概念句，提出"提起日本的话痨，非明石家秋刀鱼莫属"，从而决定聘请明石家秋刀鱼为其代言拍摄了大量电视广告。

可能很多人也会想到 Poketalk 翻译器热销后的商业需求，如洞察到"除翻译器外应该还有其他更多的产品需求"等，对消费市场抱有强烈的认知。

后来，因新冠病毒疫情导致日本人无法出国，国外的游客也无法进入日本，所以 SOURCENEXT 公司又推出了 Poketalk 字幕软件，并极力推荐客户将该软件用于与国外客户进行远程办公交流。

▶ Meeting OWL

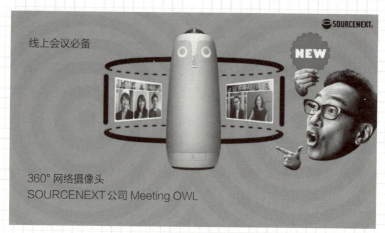

360° 网络摄像头
SOURCENEXT 公司 Meeting OWL

另外，在新冠病毒疫情的背景下，SOURCENEXT 公司还推出了另一款在线上会议中使用的 360° 摄像头产品"Meeting OWL"。可能有不少读者已在电视上看到过此款产品的广告了，这个电视广告也是由我们 dof 公司策划的。

▶ **打车软件 GO**

排名第一的打车软件

在其他国家，优步（Uber）、来福车（Lyft）等打车软件家喻户晓并得到了广泛使用，但在日本，打车软件的发展却很慢。在此背景下，打车软件 GO 在日本应运而生。

如何让不习惯使用打车软件的日本人经常使用打车软件？为此，我们在软件开发出之前就与客户进行了多次讨论，然后我们提出了创意方案。从品牌名称、品牌标志到确定概念句、策划促销活动的方向性，以及让知名演员竹野内丰代言"怎么走？用 GO 叫车吧！"的广告进行市场推广等，我们 dof 公司都全程参与了。自 2021 年 6 月起，这个广告开始在电视台上轮番播放，相信肯定有读者看过。

助人为乐是我们的工作

除此之外，dof 公司还做出了很多成功的创意案，由于篇幅有限，在此我就不一一介绍了。dof 公司的创意案有一个共通点，即"并非仅做广告"。反过来说，经常有客户委托我们给其公司产品做广告推广，但被我们婉拒了。

dof 公司的工作是理解客户在商业及经营上面临的问题的本质，帮其考虑解决方案并执行。看到这里，可能有人会想，这不是和企业的战略顾问应该做的工作差不多吗？其实，我们不仅要考虑客户公司的战略，还需对实际的促销活动进行提案，为客户的商品和服务的销售提供支援服务。

我们将这样的工作称为"解决问题"，意思是我们不仅帮客户考虑广告的创意，还帮助客户想办法解决问题，即帮助客户考虑商业创意。

时代需要商业创意

我之前在电通公司[①]工作，但我并非电通公司的专业创意者，

[①] 日本著名广告与传播企业。——译者注

在那也没从事过与创意相关的工作。我在电通公司的媒体部工作了 6 年，工作内容是购买电视台的广告时段；后来我又在广告销售部工作了 4 年。也就是说，我在电通公司共做了 10 年的销售工作。

在电通公司的工作经历让我意识到，仅靠广告无法帮客户解决商业上的难题。广告的作用就如其字面意思一样，通过"广而告之"让大众认识自己公司的产品并愿意购买。但如今，商品不再像以前那样能简单地销售出去了，所以需要我们站在更高的高度，从客户在商业及经营上面临的问题出发，考虑如何帮助客户把商品销售出去。这里所说的"客户面临的问题"是指如何为企业或法人创造利益，提高商品销售额或增加使用公司提供服务的人数。这些问题越难解决，就越需要创意思维。

提到创意，可能有人会认为这和自我表现之类的概念一样，但我们现在从事的商业创意工作并非为了表现自我，而是为了更好地帮助客户解决问题。

过去，创意总监代表的是做出了优秀创意的人，但现在情况已经发生变化了。我经历过被笼罩在创意总监这个耀眼光环下的时代，因为自己并非专业创意者出身，所以我总尽力避免使用这个头衔，但是客户却总喜欢这样称呼我。我认为虽然广告创意很重要，但客户更需要的是如何通过创意去解决他们商业和经营上面临的问题。也就是说，创意总监的工作内容已经比过去丰富了很多。

我的经历也说明了创意总监并不是只有专业创意者才能胜任，创意的舞台正等待能用创意思维解决问题的各行各业工作者大显身手。

我认为，将来为了帮助企业解决问题，用创意思维解决问题的能力，即商业创意能力越来越不可或缺。而这绝不是只有特定人群才能完成的或是必须具备专业能力的人才能胜任的工作。任何人只要积极用心地进行创意思考都可以完成，所以我希望有更多人加入帮助客户解决问题的创意者队伍中来，一起迎接更美好的未来。

▶ 解决商业问题的三步骤

1. 找到问题的本质。

2. 拟订解决方案。

3. 确定解决方案。

本书并非仅面向立志成为创意总监的读者，我希望通过阅读本书可以让更多读者了解创意总监的思考方法及工作方法，即希望得到想学习和了解创意工作的读者们的喜爱。

本书如能得到以下人士的喜爱，本人将深感荣幸。

不知该怎么解决目前面临的问题，急需得到提示的商务人士；

不知如何与专业创意者接触的人；广告推广或市场营销从业者；
非金融企业从业者以及学生等。

　　本书是当我面对问题时，给自己的一些解决方法和建议，希
望能对大家有所裨益。

目录

第四章

提高创意解决问题能力的技巧

第五章

提高创意解决问题能力的思维习惯

绪论

创意进化论：从表现力
创意到商业创意

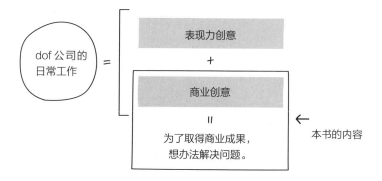

首先，我想对本书中提到的"何为创意""何为商业创意"等问题下一个定义，并就"什么是创意工作""什么样的人可以进行创意工作""为什么现代商业需要创意"等问题进行简单说明。

表现力创意和
商业创意

表现力创意类似艺术创作

大学毕业后，我就职于电通公司，并在那里工作了 10 年。提到广告公司，有人会认为"广告公司的所有员工都要从事创意工作"，但事实并非如此。

在电通公司中，从事广告文案创作、美术设计、广告策划等工作的人仅占一成左右。这些人确实是凭着自己多年积累的经验和才华以及工作热情，在创意岗位上发挥自己的专长。

实际上，那些具有特殊穿透力的广告表现形式以及出人意料的构思大都源于这些专业人员的创意。这些人具有一种被称为"创造性跳跃思维"的特殊能力，我将这种特殊能力称为"表现力创意"。其实，创意工作类似艺术创作。说到底，创意工作就是一名艺术家在进行艺术创作，而广告就是他们创作的艺术作品。

商业创意 = 解决问题

看到这里，可能会有人认为"我的本职工作与创意毫无关联"，我认为这个结论下得太草率了。因为所谓创意，除了指表现力创意，还指商业创意。而目前为了解决各个企业在商业上面临的问题，商业创意比表现力创意更重要。

如今，企业需求的商务人才是具备商业创意的有能力者，具体是指具备让创意服务于商业的能力以及统筹大局使商业获得成功的能力。也就是说，企业需要能够看出问题本质、假设问题的解决方案以及能找出正确解决方案的人。因此，企业需要的人才是会多看、多听、多研究、多思考、多想象、多创意，具备多行动、多选择、多传达等各方面能力的人。

我认为，任何人只要愿意下功夫，比如摒弃既有的思维习惯，从更高处俯瞰全局，或者再多花点工夫思考，就一定能找到可以改变现状的方法。有时只需换个角度，也许你便可以获得新的创意。商业创意正是在这种时候最能发挥作用。

像文案创作、艺术指导等所谓"表现力创意"的工作确实需要业务能力很强的专业人士发挥创意能力才能完成。而企业需要的是从表现力创意到广告设计都能扎实推进的人才，即商业创意人才。

在电通公司的员工中，非专业创意岗位的员工也在从事创意工作，他们从事的是商业创意的部分。

优秀的销售员不会对客户的要求唯命是从，而是在理解客户情况的基础上，能很好地解答客户当下的烦恼和面临的问题，成为值得客户信赖的、可以一起讨论和交换意见的伙伴。为了帮助客户把商品销售出去，我们首先要找到问题所在，假设问题的解决方案，再确定解决方案的整体框架。我们不仅要看到枝叶，还要找到问题的主干，这样才能更好地发挥创意的作用，帮助客户解决问题。

这其实并不复杂，每个人都是不同的个体，每个人都具备与众不同的创意思维，只需对创意思维进行磨炼，再应用到工作中，便可以帮助客户找到问题并解决问题。

我希望各位读者都能认识到，每个人都具备这样的创意思考能力。因为我就是这样工作的。我的工作不是进行表现力创意，而是通过商业创意来取得成果。

▶ **所有人都具备创意思考的能力**

商业创意
越来越重要

表现力创意左右商业成果的时代

优秀创意者的表现力创意为世间带来了众多的商业成果。例如，他们创作的趣味横生的电视广告，不仅引起了人们的关注，还提高了商品的知名度，或引领了某种潮流。

在广告宣传中，表现力创意的成效左右着宣传效果。因此，优秀创意者的作用非常重要，而且他们具有的他人无法比拟的特殊技能也备受世人仰慕。

以餐饮领域为例，切薄或切丝等刀工了得的厨师才能成为人气餐厅的厨师长。也就是说，餐厅成败的关键取决于厨师的刀工和厨艺。在人气餐厅还没那么多的时代，只要店里有位好厨师，那么胜败高下自然也就一目了然了。

商业世界里也曾有过这样的时代，只要做好电视广告或报纸广告就能将商品销售出去。当时，企业只需在既定的模式下很好地展示自己的技能便能取得好成果。

追求综合能力的时代

随着时代的高速发展，社会已从物资不足的时代发展到物资充裕的时代，加上互联网的快速发展，人们接收的信息量也呈爆发式增长。还是以餐厅为例，能做出美味料理的餐厅越来越多。在这样的情况下，要想开好餐厅，不仅取决于厨师的刀工和厨艺，还取决于餐厅购入的当季食材是否新鲜、如何在社交媒体上发布信息、如何在美食网站上打广告获得好评以招揽更多的顾客等厨艺之外的综合技能。

现在，商业界也一样，仅靠好的广告已难以体现商品的差异化，且难以凭此就将商品销售出去了。也就是说，凭着好广告就能将商品销售出去的时代已经过去了。在如今信息爆炸的时代里，有时广告甚至成为一种累赘。因为广告而招致世人反感的事例并不少见，所以，有些企业为了保住名声，取消了本打算在东京奥运会上要打的广告。

那么，该怎么做才好呢？我认为只有重新考虑"如何实现与其他商品的差异化""如何发掘并传递与其他商品不同的信息"，甚至还需考虑"如何在不打广告的情况下将商品销售出去的创意"。

当然，现在表现力创意仍然非常重要，但同时，表现力创意之外的综合能力，即商业创意的重要性愈发凸显出来。

▶ 靠综合能力解决商业问题的时代

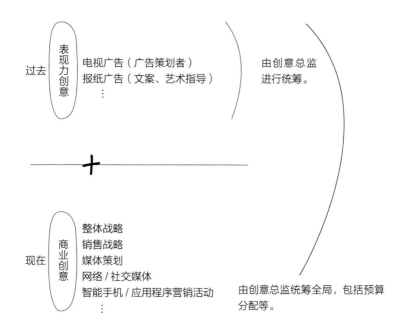

过去　表现力创意　电视广告（广告策划者）
　　　　　　　　报纸广告（文案、艺术指导）
　　　　　　　　：
由创意总监进行统筹。

＋

现在　商业创意　整体战略
　　　　　　　销售战略
　　　　　　　媒体策划
　　　　　　　网络 / 社交媒体
　　　　　　　智能手机 / 应用程序营销活动
　　　　　　　：
由创意总监统筹全局，包括预算分配等。

💡 仅凭广告无法解决商业问题

　　可能有些人还存在这样的幻想，认为只要花钱进行市场营销、打电视广告，一家企业的品牌或商品的所有问题便可以迎刃而解。但事实如何呢？这么做虽然会取得一定成效，但是所获效果与费用支出的比例是否合理我们还需斟酌。

　　我认为，为了让自己的品牌或商品得到人们的认可，仅靠广告的作用是非常有限的，但是以接受客户的电视广告订单为主要业务的广告代理公司确实很难对客户说"你们最应该做的不是打广告"。因为接下客户的广告订单业务是广告代理公司赖以生存的根本。

今后，在不以市场推广为目的的前提下，如何让各种创意用于商业并使之成功，以及如何将各种商业创意进行汇总的创意性思考将越发重要，而我们 dof 公司所从事的正是这样的工作。

创意总监是
团队的灵魂

创意总监是企业的参谋

在表现力创意的时代，创意总监一职的责任重大，他们负责对文案设计、艺术指导、广告策划等创意工作进行全局统筹和引导。

电通公司里也有很多传说中的创意总监，他们几乎都是创意专业出身的。在提倡表现力创意的时代，只有积累了多年创意经验的人才能被称为创意总监，也就是说，他们确实尽到了创意总监的职责。但是，在商业创意越发重要的时代，人们对创意总监职责的看法也逐渐发生了改变。创意总监从单纯的表现力创意的统筹者，逐渐变成更多商业领域工作的统筹者。

以前，一提到大型促销活动，就意味着在电视上频繁打广告或在报纸上做整版广告，以及在杂志上刊登大幅图片广告等，而创意总监的职责是负责指挥和统领全局工作。但如今，在进行广告推广前，还需对企业的整体战略及企业的商品、服务等进行全盘考虑。就如前文所说，因为单靠广告已经很难影响广告受众的心理并改变他们的消费行为了。这也是这个时代对创意总监的职责要求。

最典型的例子就是担任优衣库和乐天两家公司的创意总监的佐藤可士和。佐藤可士和先是在日本博报堂^①从事艺术指导工作。从日本博报堂离职创业后，虽说他也是依靠创意技能和经验开展工作的，但他从事的其实是类似企业参谋的工作。

💡 非专业创意者也能胜任创意总监工作

以前一提到创意总监，就会让人想到文案创意或艺术指导这些专业创意者。而如今已不再是这样了。在商业创意中，表现力创意方面的工作经验已并非必要条件。

正如前文所述，现在已不再是厨师长只要会剁碎食材或切丝做得好就能给餐厅带来好生意的时代了。或者说，如今的人气餐厅对厨师长的要求是具有出众的味觉，非常了解顾客需求且厨艺出众，在不影响菜品和服务质量的前提下能很好地控制成本，同时保证餐厅的服务质量，即拥有满足顾客需求的综合能力。

我并无传统意义上的创意工作经验，也就是说我并非专业创意者出身，但却从事了 17 年的创意总监工作，而且还取得了一定

---

① 成立于 1895 年，是日本历史最久的广告公司，也是全球十大整合营销与创新公司。2021 年被美国老牌市场营销杂志《广告时代》列为世界第三大广告公司。——译者注

的成果。这段工作经历使我明白，所谓创意总监的工作就是能找出问题的本质、假设问题的解决方案，并会引导团队成员说"各位！问题在这""应该这么去解决"，最终带领团队帮客户成功解决问题。

如果将创意总监比作土木工程项目的总设计师，他便是从高处俯瞰全局并带领各工种的匠人圆满完成工作的总统筹者。

其实从严格意义上来说，创意总监的工作内容并无明确的定义。我在这里下的定义，仅是作为曾经电通公司员工的我所理解的定义而已。

你的工作
有益于社会吗

 ## 广告不是目的而是手段

"创造文化和价值。"

这是体现 dof 公司使命的一句话。我们时刻抱着这种强烈的使命感去完成各项工作。

作为解决问题的手段之一，我们经常向客户建议打广告或进行促销活动。但这仅是解决问题的手段而已，并非目的。我们的目的是帮助客户解决问题，为客户创造文化和价值，为社会做出贡献。

我曾听某公司的宣传部部门经理说，去过北海道的人必会买当地的特产棕熊木偶，并将其作为摆件摆放在房间的玄关处。但是很多人根本没有注意到，本该是四脚着地的棕熊某天突然变成了双脚站立。其实广告也和这只棕熊一样，人们不会过度关注它，不管你打不打广告，想买这个商品的人还是会买，而不想买的人也不会买，他们不会因为你打了广告就去买你的商品。

▶ **广告就像玄关处的棕熊摆件**

　　作为广告行业的一员，我在听到这位部门经理的话后，虽心有不甘，但同时也为其揭示的某种真相而感到无奈。受众对广告的接受度确实是这样的，也就是说，说到底广告仅是一种手段而已而并非目的，我希望大家能记住这点。

💡 获得广告奖意味着什么

　　当介绍某位创意者时，我们常能听到的是"他在××广告节上得过奖"等辉煌的获奖经历。我并不是想否定这些获奖经历，也相信各种广告节上都有不少很优秀的作品。但我认为我们必须有清醒的认知："获得广告奖的所有作品是否都是优秀广告？""得奖的创意者是否就是最优秀的创意者呢？"

　　十多年前，我曾遇见一位某大公司市场部的董事。他说市场推广是获得客户的重要途径，但从某种程度上来说市场部也是非赢利部门。当时，该董事好像仅考虑如何提高自己部门和个人的业绩，而不是拜托广告代理商帮助提高其公司的品牌形象或帮他们把商品卖出去，他只是对广告代理商的负责人说"一定要做一个能获奖的广告"。

后来，这家广告代理商的负责人喜滋滋地告诉我，他们为了使广告能在国际广告节上获奖而成立了专项小组，在广告获奖后，那位广告客户的董事果然升职了。

听到这话时，当时我的想法是"怎么可以这样"。仅凭一个得奖的广告，相关人员就可升职加薪，这样真的对社会有益吗？如果所有人都是为了实现这样的目的而拼命往上爬的话，那这个社会将会变成什么样呢？

当然，我们是通过帮企业和法人客户解决问题才获得报酬的，但我也希望大家能思考一下，我们的工作及公司对于整个社会来说应该是一种怎样的存在？我们的工作对于社会是否有必要？

如果我们只是完全按客户的要求制作广告，讨客户欢心，但结果并没能帮他们真正解决问题，这意味着作为社会一员的我们对社会并没有做出贡献。

我以及 dof 公司的成员们一直都志存高远，我们想与客户一起努力逐梦远航，帮助客户创造企业文化和提高企业价值。

帮企业解决
商业问题 =
助人为乐

任何企业及商业都会存在问题

我认为，没有一家企业不会面临商业问题。所谓的问题是指企业的现状与理想之间的差距。例如企业都有"想提高这款商品的销量""想改善工作环境""想开展新的事业项目"等各种理想，如果企业说自己并没有面临任何问题，就意味着这家企业没有理想。如果有人认为"我们的企业不存在任何问题"，这本身就是一个大问题。

持续成长型企业都具备能经常认识到自己的内在问题并想办法解决的特质，三得利公司如此、优衣库如此、宝洁公司亦如此。

时代正不断变迁，世事也一样，即使现在还没面临问题的企业，明天也许就有问题找上门来，这就是现实。所有企业都会面临各种问题，没有问题的企业并不存在，所以大家肯定也会经常有问题等着解决。

▶ **何为企业面临的问题**

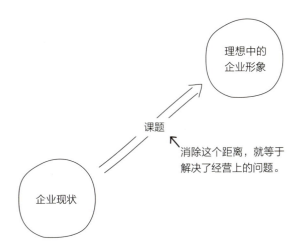

💡 解决问题的三个步骤

解决商业问题大致可分为三个步骤。

第一步是"找到问题的本质"，解决问题必不可少的技能是探查、打听和用"三只眼睛"看问题。

第二步是"拟订解决方案"。在找到问题本质后，我们要向团队发出指示："问题在这里！""大家朝这个方向努力！"然后推动解决方案的执行。此时，需要大家的想象、思考和拟订方案的能力。

第三步是确定"解决方案的具体步骤"。最终负责方案输出和提高解决问题质量的是具备表现力、创意能力的创意者。和这些创意者合作一起思考问题的最好解决方案，此时需要行动力、选择力、传达力。

　　本书将用第一章至第三章分别对这三个步骤进行详细说明，第四章和第五章将就提高创意解决问题能力所必不可少的技巧和思维能力进行详述。

　　对于在日常工作中总面临各种问题并努力想办法解决的商务人士来说，上述这些技能、技巧和思维能力等都是在日积月累中养成的。我们只需整理好顺序并好好运用，就可以获得好的创意解决方案，即正确解决问题的方案。

▶ **本书结构**

商业创意

第一章
找到问题的本质（探查、打听、用"三只眼睛"看问题）。

第二章
拟订解决方案（想象、思考、拟订方案）。

第三章
解决方案的具体步骤（行动力、选择力、传达力）。

提高创意解决问题能力

第四章
提高创意解决问题能力的技巧

第五章
提高创意解决问题能力的思维习惯

专栏 ｜ 创立 dof 公司的理由

· 传说中的创意总监

1995 年大学毕业后，我在电通公司工作了 10 年。我先是在电通公司位于东京的总部的媒体部门工作了 6 年，当时我每天都在为如何能买到好的广告位而绞尽脑汁。因为广告位的数量有限且供不应求，所以这是一份对于人际交往能力要求很高的工作。之后我又从事了 4 年的销售工作。在媒体部门的 6 年里，我学习了媒体的相关知识，且在拥有以电视台为主的媒体资源人脉的基础上，得以有机会与客户交流，这段经历对我来说非常珍贵。我当时负责的广告客户是资生堂公司，这是我第一次有机会和创意组一起共事。在那里，我有幸认识了做出了很多优秀广告的知名创意总监大岛征夫。

我当时负责的是由小泉今日子代言的资生堂怡丽丝尔（ELIXIR）品牌的化妆品。某日，创意小组与资生堂客户围坐一起，探讨如何才能让商品畅销，但讨论了很长时间也没讨论出什么有效的结果。此时，大岛征夫姗姗来迟，他迟到了 30 多分钟（他现在仍然经常迟到）。大岛征夫出现的时候，正是大家毫无头绪、作为销售负责人的我正头冒冷汗的时候。

现在我还清晰地记得，在听了大家的烦恼后，大岛征夫忽然站了起来，一只手插在口袋里，另一只手拿笔在白板上写着"这部分应该这么做，那部分应该那么做"，霎时，在场的各位都眼前一亮。后来，我将那时的情景形容为"摩西的奇迹"，就如摩西分海①的故事一样，大岛征夫经常在没有道路的地方给我们开辟出新的道路。

那时我刚与大岛征夫共事，对他佩服得五体投地。后来我才知道，大岛征夫是 Tugboat 广告公司的冈康道（已故），以及以《丸子三兄弟》广告和毕达哥拉斯装置②（PythagoraSwitch）科普节目而闻名的佐藤雅彦等知名创意者的导师。

我现在在开会时，经常会一边说话一边用笔在白板或纸上写写画画，就是深受大岛征夫的影响。

· 大岛征夫的退休和创业探索

但当时，大岛征夫已经快退休了，而且那时并没有像如今这

---

① 摩西带领他的子民逃出埃及，却被红海挡住了去路。这个时候出现了神迹，吹来了极强的东风使海水分开了，于是摩西一队人过了红海，而后面追来的埃及人却被淹没在了海里。——编者注
② 日本 NHK 教育电视台一个面向低龄儿童的科普节目，2002 年在日本开播。——译者注

样对资深技术人员延长聘用时间的制度。当时不管是多么资深的人只要一退休就成了一名普通人。大岛征夫没有考虑过退休后要做什么，只是打算和普通人一样享受悠闲的退休生活。

我觉得这样太可惜了，假如大岛征夫能继续发挥自己的专业能力，就能为社会做出更大的贡献。而且如果能和这样的人共事，我肯定也能取得更大的进步，所以我就向他提议"我打算从电通公司辞职，我们一起创立新的公司吧"。

我仔细想过从电通公司离职后到底应该做什么。我和堀江贵文在同一年出生，当看到他创立的公司活力门①（Livedoor）成为热议话题，且媒体上铺天盖地都是关于他计划收购电视台的母公司及职业球队等消息时，我的内心开始躁动起来："难道我应该像现在这样，一直在这家公司做一个普通员工吗？"那是一个我的身边人、大学同级生及学弟学妹们陆续有人创立风险企业的时代。另外，时代变化的趋势也越来越让人不安，我认为"广告行业今后一定会发生巨变""随着网络的普及，大众传媒强大的影响力正慢慢减弱，之前在电通公司工作时以传媒为中心的商业模式今后再也不能高枕无忧了"。像大岛征夫这样具备优秀创意才能的人应该获得他该得的报酬。

其实，电通公司向客户提出的创意方案是好还是不好，我们获得的报酬多少都没有很大区别。也就是说，有像大岛征夫这样

---

① 日本一家提供互联网服务的公司。——编者注

优秀的创意者参与创意并提出了好的方案，与普遍员工提出了普遍方案，电通公司从客户那里获得的报酬是一样的。客户认为，作为商业活动中的一环，创意方案并不能保证其商业一定获得成功，所以谁来参与创意对他们来说都一样。

当时我就认为不应该是这样的，如果有大岛征夫参与创意，其成果就值得我们期待，所以向其支付他应得的、较多的报酬是理所当然的。

我想让大岛征夫也能像高身价的运动选手那样获得人们认可和得到应得的、较多的报酬。这也是我离开电通公司自主创业的原因之一。

· 不顾家人反对离职创业

刚开始，我打算与大岛征夫一起离职共同创立新公司，后来电通公司表示愿意向我们要成立的新公司出资70%，所以新成立的公司变成了电通公司的子公司，而我也不是从电通公司离职，而是以被委派到子公司任职的形式，一手筹划了子公司的创立事宜。

最初，父母及兄弟姐妹等身边人对我的离职行为都持强烈的反对态度，即使是被委派的形式也遭到了他们的反对。在我说明了这不是离职，将来还可以回到总公司电通公司工作，而且这对我来说是一次历练管理及经营方面能力的好机会之后，他们才勉强接受了。

就这样，dof 公司于 2005 年成立。当时的媒体是这样报道的："创意总监大岛征夫离开电通公司独立创业。""其搭档——销售及广告制片人斋藤太郎也一同离职。"新成立的 dof 公司由大岛征夫任社长，我任董事，关于公司的经营及外部事务全由我负责。

dof 公司成立 4 年后的 2009 年，我担任了社长。那年我从电通公司离职了，不再是被委派到子公司工作的身份了。到了 2013 年，dof 公司买下了电通公司的股份后独立了出来。因为营销方面的决定最终都由总公司拍板，子公司完全没有经营自由，所以虽然脱离电通公司独立出来会伴随一定风险，但我依然选择了这条具有挑战性的道路。现在，电通公司在 dof 公司的持股比例只有 5% 左右。

就这样，现在的结果证实了我为了"给大岛征夫涨工资"而创立 dof 公司的初衷是完全正确的。在 dof 公司，大岛征夫既有了用武之地，也获得了他该得的报酬，而且我也得以涉足创意工作，得到了快速成长。

dof 公司创立 17 年后，我们终于可以自豪地喊出"为社会创造文化和价值"的使命，而且我也认为我们已经为社会做出了一定的贡献。

第一章

找到问题的本质

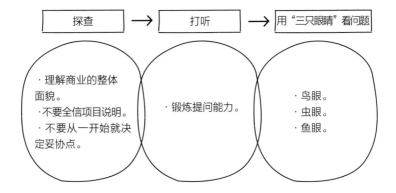

为了解决问题，我们首先应该做的是找到真正的问题和问题的本质。不了解问题是什么就不知该如何去解决它，而且找到真正的问题后还必须正确把握问题的本质，也有人将此称为"提高问题的分辨率"。第一章将就发现问题本质的启示方法和诀窍进行讲述。

理解商业的
整体面貌

 ## 不能只看眼前

前文说过,在解决问题之前,要先找出到底哪里存在问题。其实在找问题之前还必须事先做好准备,即要很好地了解客户和与客户相关的所有信息,例如客户企业的行业状况、商业模式、收益结构等基本信息,而且要时常更新企业的最新信息。

我曾受邀给电通等广告公司的新入职员工进行培训。培训时,我问负责营销工作的新员工:"你们了解自己广告客户的广告费是多少吗?"他们回答出了具体的数字,而且优秀的营销人员还答出了客户企业一年的广告总预算费。

但是,当我再问他们"该企业的年营业额、毛利及营业利润各是多少?"时,能回答出来的人就不多了。也就是说,能详细了解和把握企业整体的收益结构及商业模式的人并不多。也就是说,虽然营销人员对自己负责的版块及相关部门的情况了解得很详细,但是他们对客户企业的其他情况及整体面貌并不是很了解。如果营销人员不了解这些情况,就不能站在客户的立场上考虑问题，也不会从客户的视角去看待问题。举例来说，如果客户打广告的目的是为了提高人们对商品的认知度，此时应先考虑的是提高商品的认知度到底能给企业带来多少利润和提高多少销售额。如果不能明确下一步目标，而是停留在客户希望的提高商品认知度或好感度上，就是一种短视行为，还有可能会导致方向错误。

▶ **理解商业的整体面貌**

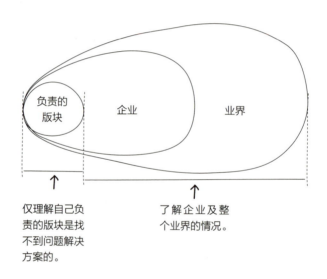

企业

业界

负责的
版块

仅理解自己负
责的版块是找
不到问题解决
方案的。

了解企业及整
个业界的情况。

💡 **了解商业结构有助于找到其他解决方法**

我是在入职电通公司 8 年后才明白这一点的。那时我在帮一家房地产公司销售其房产，他们给我详细说明了房地产公司的整体商业模式，即利润是营业额的 10%~20%。反过来说就是，营业额的 80%~90% 都被用于必要开销。必要支出中最大额的支出是土地费及向建筑公司支付的费用，此外还有向设计公司、房屋销售公司支付的费用及样板房等其他支出。电通公司从客户处获得的广告费就是其他支出中的一部分。

从那时起，我才真正了解了房地产市场的商业模式。房地产公司的相关负责人告诉我，其实他们追求的并非是广告效果，而是如何快速地将房屋销售出去，所以公司的预算并非必须用于广告支出。如果有其他方法同样能将房屋销售出去，那么经费也可以用在那方面。例如，介绍自己的朋友或认识的人来买房等也是解决方案之一。

上面列举的房地产公司只是其中的一例而已，其他行业也一样，每个行业都有该行业的商业规则。如果从商业全貌去看问题，我们会发现其实对很多行业来说广告并非必需品。

在创立广告公司后我发现了一个令人无奈的事实，就是没有哪个经营者只是单纯地想做广告。客户追求的是提高商品销售额和利润，换言之，他们想通过向社会提供某种价值而换回等价的利益。如果不了解企业所处行业的收益结构及商业模式，就有可能导致致命的错误。例如，容易陷入"客户愿意为广告花多少钱呢？""会支付给我们多少钱呢？"等只顾眼前的短视行为。广告从业者如果认为"只要把广告做好交给客户就行"或者只重视给自己下了广告订单的客户，就不可能与客户共同解决问题。我们帮助客户解决问题时不应只看到"枝叶"，还必须看清问题的"主干"。

项目说明

不要全信

 用扁平化视角看问题

有人将找到问题本质的过程称为"提高问题的分辨率"。要想做到这点，就必须认真倾听作为当事人的客户的诉求。

客户全程深度参与了自己公司的业务，而且始终都在考虑问题的解决方案，所以比任何人都更了解解决问题的关键，但此时我们也要注意不要无条件地相信客户列出的问题。

"这就是我们面临的问题，我们打算这么做……"

大多数情况下，在客户进行项目概要介绍后我们就会开始探讨和推进解决方案。此时重要的是不要盲信客户提供的所有信息，而是需要对客户提出的问题提出质疑，再以扁平化视角去看待客户提出的问题。

年轻时我曾为此吃过一次亏。当时因为我无条件地完全相信了客户提供的信息，在"因为客户这么说了，所以我必须这么做"的心理基础上提出了假设方案及解决方案。在花费了大量时间和精力后，到了最终环节才发现这样做根本无法解决问题。那时，虽然刚开始我也对客户提供的信息产生过质疑，但结果还是带着疑问推进了方案，所以最终没能很好地解决问题。

为什么项目说明资料会被曲解

我在听宣讲会时经常这样问客户："为什么你们认为这是问题呢？""为什么你们会得出这个结论呢？"

有时我会得到这样的回答：

"其实我们也不太懂，所以先强行记在纸上。"

"不写点什么就觉得不像样，所以我就写了这么几个问题。"

在公司部门层级多的情况下，有些人则这么回答："因为社长是这样要求的。""因为某董事这么说了。""因为领导指示了。"他们只会用笔如实地记下上司的话。换言之，那些写在纸上的问题其实并非他们心里所想。为了避免出现这样的情况，从项目开始我们就要与最终拍板者进行充分交流。

当然，不实际操作就会对很多情况不够了解，所以我们要经常了解和把握企业及业界全貌，从不同方向或从俯视的角度客观地看待问题，不要被错误的信息所左右。

▶ 为什么项目说明资料会被曲解

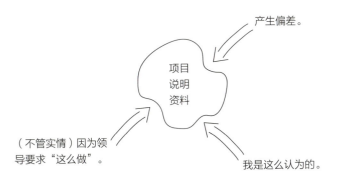

💡 对项目说明材料进行微调

当客户说"这就是问题"时，也有偏离问题本身的可能。因此，我们一定要注意不要一开始就认定宣传资料中所讲的就是不可推翻的决定并照单执行。

"其实他们列出的问题并非问题的根源吧？"

"他们真正想表达的其实是这个问题吧？"

在与客户沟通的过程中，对客户的要求提出质疑并进行微调也是创意总监应该做的重要工作。在听客户介绍项目时，我经常会边听边整理项目的内容并提出问题，也会要求客户修改或重新介绍。

我们的目标是帮助客户解决商业问题并获得好结果，即帮助企业或法人创造利润或提高商品或服务的销售额。如果达不到这个目标，那所谓的解决方案就没有任何意义。

假如我们对客户提供的信息无条件地照单全收，到最后却无法解决问题时会怎么样呢？我们将会失去客户的信任。说白了就是客户不会再给你下一次机会。因为我们没能帮助他们解决问题，且让他们一无所获，所以客户不会再与我们合作也在情理之中。

找不到问题的本质，就没把握能提出正确的解决方案，所以我总是强烈督促自己要做调查并探究到底，直至找到真正的问题所在。

不要一开始
就决定
妥协点

突然决定解决方案是危险的

当然，也有不少企业对自己面临的问题有正确认识。这时，项目介绍就会进展得很顺利。但是，能够正确且清醒地认识到自己的问题的企业毕竟是极少数的。现实中，大多数企业对自己所面临的问题并没有正确的认识。

让人头疼的是，有些客户在还没弄明白自己企业面临的真正问题时就要求我们给出解决方案，他们提出的最多要求是"请帮我们做电视广告以提高我们的知名度和认知度"。待我详细了解该企业的情况后，总让我产生这样的疑问："该企业在商品和服务方面的真正问题是知名度和认知度吗？""在电视台投放广告是最好的解决方案吗？"其实，在投放电视广告之前，他们还有很多应该优先解决的问题。

最麻烦的是客户要求我们"只要做出有趣的广告，你们怎么做都可以""希望你们能做出让人眼前一亮的广告"，因为他们并不明白广告的目的是什么。这么一来，作为解决问题手段的广告就偏离了最初的目的。

💡 劝客户放弃打广告也是我们的工作

当然，我们也可以选择完全按照客户的要求去做，但那样做并不一定能解决问题，而且还有可能不但没能帮到客户，还辜负了他们的期待。另外，不仅辜负了客户，我们的工作也没能给消费者带去有用的信息和价值观，只是完成一份完全无用的工作而已。

其实，在接到客户想做广告的请求时，了解情况后我们经常这样劝客户："现在打广告有点浪费，还是先打消这个念头比较好。""打广告之前你们应该先把其他事情做好。"这样交流后，最终决定做广告的客户只占了向我们咨询客户的 3 成左右。

最近，我们拒绝比较多的是创业不久的新公司以及还未见任何成果的新项目方面的广告请求。还未准备就绪的新公司或为新项目打电视广告，就如刚从农村到城市的年轻男生，租住在距车站步行 30 分钟、共用浴室和卫生间的 10 平方米的集体公寓里，却整天喊着"我想买一辆新车"的感觉。

比起买车，不是应该先租一间离车站近且带浴室和卫生间的房子吗？这样坐车也方便。如果是因为住处离车站远而想买车的话，搬到车站附近就是一个可供选择的解决方案。

市场也一样，在进行广告宣传（向消费者广而告之）之前，应先对自己的商品、人员采用、组织机构或销售卖场等进行整顿。

举个极端的例子，假如自家商品在实体店都销售不出去，那么即使打了电视广告估计也不会起什么作用。在电视上打了广告，但是在网络上检索时却找不到商品的相关信息，那么做这个电视广告就没什么意义。换句话说，即使在网上能检索到商品的相关信息，如果检索出的信息不全或是完全没有吸引力，那么这个广告的效果也不会太好。这就是我想强调"打电视广告之前先把其他事情做好"的原因。目前，这样的情况非常多见。

💡 常记投资回报率

市场推广活动就是一种投资行为。令人意外的是，没意识到这是一种投资行为的企业和个人不在少数。直到最近才有越来越多的人认识到这是一种投资，所以才对我们说想提高投资回报率（广告的投入产出比）。

原因之一是网络广告的影响在扩大。由于网络广告可实时获取数据，投资回报率非常明确。受此影响，越来越多的人开始意识到广告也是一种市场投资行为，因此开始关注投资回报率及广告效果，进而促使其积极参与，我认为这是一个好的发展趋势。

客户是最了解自己企业的专业人员，但他们并非市场营销的专业人员，在市场营销方面我们比他们更专业，所以客户才愿意向我们支付费用帮其进行推广，我们也必须用优异的结果回报客户。另外，我们也有义务劝客户不要进行无谓的投资，告诉他们绝不可有"不管如何要先有广告"的思想。

一切以解决问题为优先。从解决问题开始，拟订假设方案，最后确定解决方案。在那之前，先跳过具体的广告等表现力创意，不这样做就无法真正解决问题。

能　锻
力　炼
　　提
　　问

有时虽能讨好客户但并不能帮客户解决问题

　　以前一起工作过的一位著名的文案设计者曾对我说："太郎先生与客户的交往方式真让我吃惊。您如果没听明白就直接和客户说自己不明白，您觉得奇怪的事情也直接和客户明说。之前我也总纳闷像太郎先生这样做真的好吗？但现在我向您学习，也改变了自己与客户的交往方式。"只一味地向客户说漂亮话或阿谀奉承是无法真正解决问题的。如果总是无条件地听从客户所说的，当然可以取悦客户，但如果最终工作没能取得成果，或者没能使客户的投资获得成功回报，那我们的工作还有什么意义呢？

　　为了正确地把握问题，我们有时必须向客户提一些忠言逆耳的建议。在与客户交流时，有些意见虽然难听，但我们必须要说出来。因为我总是直言不讳地说出自己的想法，所以有客户这么评价我："真是个失礼的家伙，我们可是你的客户呀。"但我们的工作不是为了取悦奉承客户，作为广告专家的我们应该力求最好的结果，最后取得好成果，达到双赢的目的。正是因为这样，我才愿意鼓起勇气、毫不掩饰地说出自己心里的真实想法。

答案可能就隐藏在客户生气的背后

几乎所有客户都会在项目介绍里表达对自家商品的喜爱，很多客户会着重突出"商品的这方面很棒""这是划时代的商品"。但是，对于我不认同的内容，我还是会直言不讳地说："真有那么厉害吗？我并不这么认为。"而且，我也会毫不客气地写下"这样的功能真的有必要吗？""这样的商品我并不想买"等评论。面对这样的情况，大部分客户当然不会高兴。

其实在他们不高兴的背后，经常隐藏着解决问题的答案。

日本的企业采取的基本都是"Product Out 模式[①]"，制造者使出浑身解数制造出优秀商品后推向市场，他们对此当然会引以为豪。如何让客户摒弃这种引以为豪的想法是接近问题真相的重要一环，因为客户对于应该宣传的商品要点经常存在错误的认识。

在很多情况下，消费者黏性往往隐藏在一个完全与客户所想的不同的地方，而这种黏性经常在客户生气后才显现出来。有时我们直接告知对方却难以传达，只需换个方式向对方展示就有可能被接受了。

---

① 关于商品的开发、生产、销售活动依照企业情况优先的做法、策略。——译者注

事先准备好关键问题

在听客户介绍公司情况时，我们经常能听到"这是业界首创""我们做到了与别家公司的差异化"等，而这样的看法往往是因为他们只看到了相同业界的情况而得出的。

▶ 关键问题

客户所谓的业界首创的商品并不一定能让所有人都感到惊艳。另外，他们强调其商品在业界中的厉害程度，也仅代表该业界的看法而已。因此，当听到客户在如此狭小的范围内大谈"差异化"时，我们应该深入提问该商品能给社会带来什么样的便利，这个问题对创意总监来说非常重要，有可能因此而发现之前没有想到的商品或服务的强项。

专心致力于商品制造和提高服务质量时，人们看待问题的视角就容易变窄，从而难免在介绍项目时对自家商品感到沾沾自喜，所以，如何打破这种状态是关键。每当这时，我都会这样提问：

"你们商品的特色是什么？""你们认为什么才是最重要的？""你们商品的优势是什么？"

在我准备的关键问题中，以下几个问题非常有效。

"这个商品能给社会带来什么变化？"

通过这个问题，使很多视野已经变得狭窄的客户打开了眼界。

"假如进展顺利的话，你们的商品能给社会带来什么变化？"

"这个商品普及后，5 年后你们有什么计划？"

问客户这些问题很有效果，你也可以用这些问题自问自答。因为这样的问题可以帮助你从另一个角度去看待问题并解决问题。

💡 对对方感兴趣，是提高提问能力的第一步

曾有人问我："怎样才能提高向客户提问的能力呢？"我的回答很简单，就是要对对方感兴趣。只有在感兴趣的情况下，你才想进一步了解，了解关于企业、组织机构以及对方负责人的情况等。

想进一步了解的话可以自己去打听。也就是说，感兴趣后向多方打听，这是提高提问能力的第一步。你对对方越感兴趣，了解的事情就会越多，所以你只要不断地去打听即可。

人们容易对对于自己公司及个人感兴趣的人产生好的印象，很多人还会因此而对其抱有好感。从这个意义上来说，如果你有想了解的事情，请不断去问，这能提高你的提问能力，即"质问力"。

　　另外，有些人可能会担心，对于眼下的对话及对方所说的内容不明白时，直白地说出"我没有听明白"的话，会被对方认为"这个人是傻瓜吧"而感到自卑。这时，你无须装酷，也不要无端揣度，如果有听不明白的地方就直接和对方说听不明白就好了。在对方认为"我这么说对方应该理解了吧"时，提醒他"我并没有听懂""您的话不太好理解"，其实也是给对方的一份礼物。

▶ **和对方说"我没听明白"也是给对方的一份礼物**

用鸟眼俯瞰全局

 用"三只眼睛"看问题

我认为，只要有所准备并有意识地进行训练，谁都可以找到问题的本质。如果具备正确掌握真实情况的技能，那么将有更多人能具备找到问题本质的能力。

为了掌握这些技能，需要通过鸟眼、虫眼、鱼眼这三只眼睛看问题，即用鸟眼俯视，用虫眼近看，用鱼眼看变化。

▶ 用"三只眼睛"看问题

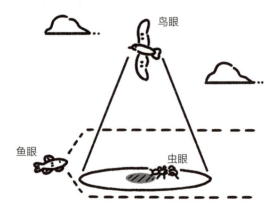

反复用这"三只眼睛"看问题，就能越来越靠近问题的本质。下面首先来谈谈鸟眼。

 ## 俯瞰全局

为了看清问题的本质，重要的是要通过鸟眼俯瞰全局。有时我们先后退一步并静观全局，就会发现很多在近处时无法了解和意识到的问题。举例来说，如果你能用鸟眼俯瞰全局，那么今后当你接到"想办法帮我们做电视广告吧""想办法帮我们做网络广告吧"等请求时，就不会马上开始思考如何做广告，而是先思考整体情况。这样也许你就会发现，要打广告的商品缺乏商品力，所以，你会劝客户优先解决商品力的问题。

▶ 俯瞰

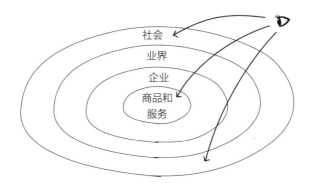

下面介绍某投资信托公司找我商量如何打广告时发生的一件事。现在在银行、证券公司、网上证券公司等都可以买到投资

信托产品。银行及证券公司将各种投资信托公司的信托投资作为产品提供，各公司都提供产品阵容丰富的产品以招徕更多的顾客。

这家投资信托公司想直接将自己的产品销售给消费者而不是通过银行或其他投资公司，为此他们打算在报刊上打广告，所以来找我商量。他们的广告预算费用是 5000 万日元（1 日元 ≈ 0.05 元人民币）。但是，消费者只需登录网上证券公司便可以选购丰富的投资信托产品，完全没有必要特意打开这家信托公司的网站购买。如果在这样的情况下还坚持做广告，他们投入的 5000 万日元就会如同只给沙漠浇一盆水一样，完全无济于事。

假如是其他广告代理商收到这样的委托，可能会很高兴地说"好呀！我们一定能把广告做好"，因为广告代理商要靠帮客户打广告才能有收益。但是，就这家信托投资公司来说，即使花钱做了广告可能也起不了什么作用。通过鸟眼对全局进行俯瞰后，我对这位客户说"我认为你们在打广告之前必须先处理好其他事情""希望你们再好好考虑是否应该在这个时候打广告"并拒绝了客户打广告的请求。

如果仅在听了对方的项目介绍或看了项目内容后就做出判断，很有可能误判，所以通过鸟眼对整个业界及社会需求进行全局俯瞰，就可以避免做出这样的误判。

💡 善于发现超乎想象的潜力

相反，有些企业在项目刚开始时并没想过要投放大量广告，但通过鸟眼俯瞰后，发现了潜力巨大的广告商机，于是决定大规模地投放电视广告。由明石家秋刀鱼代言的 SOURCENEXT 公司的人工智能语音翻译器 Poketalk 就是其中一例。

SOURCENEXT 公司的规模并不是很大，而且已经有 10 年以上没做过电视广告了，所以在向市场推出人工智能语音翻译器 Poketalk 时，SOURCENEXT 公司并没想过要进行大规模的广告活动。

我曾了解并实际使用过好几款翻译器，用过后我认为"所谓的翻译器并没什么大用，至少我并不需要这个东西"。所以，在 SOURCENEXT 公司的松田宪幸会长举办的翻译器的发布会上，我也直言不讳地表达了自己的想法："其实翻译器并没多大用。""你们的商品和其他商品有什么不同呢？"这个行为有些失礼。但在我实际使用过后，我被 Poketalk 极高的翻译精度震惊了。过去我用过的那些翻译器和 Poketalk 简直没法比。

我曾在美国生活过，所以和别人用英文交流完全没问题，但我不是从个人角度出发，而是站在高处以鸟眼俯瞰后发现了当时的社会需求而得出的结论。我经常在其他国家的酒店大堂里见到因语言不通而惴惴不安的人，也听说在美国有外国游客因不会英语而不敢乘坐出租车。现在仔细想来，日本人中有英语恐惧症的人也不在少数。如果能够克服语言上的障碍，那么有外语恐惧症的人就不会再感到为难了。我认为这款商品的问世很有可能改变社会。

因此，我想把 Poketalk 上市这件事本身作为一件大事向世人宣告。这么一来，广告方案完全提升到了客户从没想到的高度。接下来，我又提议邀请著名搞笑艺人明石家秋刀鱼为其代言出演电视广告。

如果不是从俯视的角度来考虑这个方案的话，我很可能感受不到"翻译器的翻译精度变得如此之高"的那份惊异了。因此，不得不说这真的是一个意外的收获。

在我将自己的广告设想告知 SOURCENEXT 公司时，我用了一张史蒂夫·乔布斯手拿苹果手机的照片。因为我想向客户说明苹果手机的出现给社会带来了巨大的变化，而 Poketalk 的出现也将给社会带来巨变。

最终，SOURCENEXT 公司邀请了日本最健谈的明星明石家秋刀鱼代言其翻译器 Poketalk，该广告在后来引起了轰动。这个广告就是在我用鸟眼俯瞰世界，看清了商品到底能从哪个方面给社会提供价值的苦思冥想下诞生的。

专栏 | 构筑企业品牌时不出现企业名称的特例

· 生活中常见但人们并不太了解的酵素

下面介绍一例在进行品牌构建时没有用到企业名称的事例，这是我在对该企业及企业所在行业进行俯瞰后决定的方案。

我们的客户中有一家名为天野酶（Amano Enzyme Inc.）的酵素生产企业，该企业总部在名古屋。相信大家和我一样，在刚看到这个企业名称时完全不知道这是一家生产什么商品的企业。

酵素是蛋白质的一种，由各种微生物发酵而成。人体中也含有大量酵素，它们还存在于微生物及细菌中。酵素是各种生物化学反应的催化剂。举例来说，有人看到便利店中卖的松软的面包时可能会认为里面一定加入了人工合成的添加物，但其实并非所有面包中都添加了人工合成的添加物，也有可能是在面包中撒上了防止淀粉变硬的酵素。酵素基本都是自然发酵而成的，人们利用酵素的特性可以使面包长时间保持松软状态。

另外，酿酒时也利用了由微生物分解的酵素。通过培育酵素微生物，就可以获得作为消化良药的酵素。胃药中也加入了这类消化酵素。塑料瓶装茶饮在生产时也用到了酵素。目前瓶装茶饮的价格大约是 100 日元一瓶，如果仅用茶叶泡成的话，一瓶茶饮的成本就不止 100 日元。在茶叶中加入酵素，将茶梗等其他部分中的茶成分分解使用后才能将其成本控制在每瓶 100 日元以内。

另外，最近不易让脂肪堆积的食用油很受人们欢迎，这些油在生产时也加入了能改变油结构的酵素。纳豆、化妆品、生物燃料中也有大量酵素，此外，酵素还被广泛用于胆固醇检查、各种药品、矿山、土壤净化及便利店的便当中。

· 比起企业名称，应先突出其专业领域的产品

天野酶公司就是这样一家专业培育酵素益生菌的企业，其商品被广泛应用在各个领域。但是天野酶公司所从事的工作并不为人所知，甚至天野酶公司本身也没人了解，所以该公司拜托我们帮其进行品牌建设以提高知名度。

酵素虽然被广泛应用于各个领域，但因它非肉眼可见之物而不被人了解，所以我们决定将酵素可视化。于是，我们和艺术设计者水口克夫及电通公司的文案员细川美和子共同做出了"酵素的宇宙图"的解说图文。解说图文的理念是通过"世上最小的宇宙图"对被广泛应用于各行各业的酵素进行科普。

我们先将酵素的宇宙图和"酵素在我们看不见的地方创造出了另一个世界"的宣传语公布在网上，但是并没有刻意将"天野酶公司"的名称放在图文的前面。当时我向天野酶公司建议"先

在网上开设一个酵素博物馆，对酵素进行科普"。

▶ **天野酶——活跃在肉眼看不到的领域**

欢迎来到酵素的世界
活跃在肉眼看不到的领域

酵素的宇宙图
让我们一起观察酵素的世界吧！

　　比起宣传企业名称，我认为先让大家了解酵素为何物更加重要。所以，我们向客户建议，先向社会进行酵素的科普活动，再突出介绍代表日本酵素的龙头企业天野酶公司。此建议得到了天野酶公司的理解和支持。

· 不打出企业名称的理由

　　老实说，企业投入资金进行品牌建设和推广，但却在广告中不出现自己企业的名称，对此能同意并做出最后决断绝非易事。

051

下面我将介绍天野酶公司是怎么做到的。

项目后来能取得成功，我认为这得归功于天野酶公司高层坚信通过酵素的科普项目，他们也能为社会做出一定的贡献。仅是让世人记住自己企业的名称，并没有做出什么社会贡献，如果能让世人了解酵素是如何服务于社会的，那么也能为同行业及社会做出一定的贡献。

这样的做法也适用于其他企业或其他项目，在考虑解决商业问题时，还必须考虑自己的企业、自己所从事的行业及机构到底能给社会做出了什么贡献。企业唯有时刻考虑如何才能有益于社会，才有可能成为持续发展的企业，并长期发展下去。

为了看清全局，有时我们不妨先后退一步，用鸟眼去审视自己的企业、行业以及项目是否有益于社会以及怎么做才能为社会做出贡献，这非常重要。

微观视角 用虫眼感受

 ## 从微观视角看问题

下文将就如何用虫眼去看问题，以此来更靠近研究对象进行说明。虫眼与"我们的商品或服务能给社会或市场带来怎样的影响"的宏大视角不同，它是扎根于日常生活，仔细考虑到底能给个人带来何种便利的视角。鸟眼是站在高处俯瞰全局，了解社会主流的价值观和趋势，而虫眼则是审视自己及每个个体，自然且真实地去感受社会需求的认同感。

为了让大家更容易了解这两者的不同，下文还是以人工智能语音翻译器 Poketalk 为例进行阐述。

用鸟眼俯瞰时，我们发现 Poketalk 可以帮助人们消除语言的障碍，让人们看到不一样的风景。但是，绝对不能因此就做出判断——"这商品不错"。接下来我们还需用虫眼来看，这样你才能想象到和理解不会外语的游客在国外机场的出入境大厅里的紧张感、在海外购物过程中被销售员搭讪时的不知所措以及看不懂路标时的窘迫感了。在考虑方案时，如果你无法想象到上述场景，或者与上述场景没有共鸣，即使通过鸟眼俯瞰觉得可行的方案，你推广的商品或服务在现实生活中也很难引起消费者的共鸣。顺便提一下，上述场景被原样照搬到了人工智能语音翻译器 Poketalk 的电视广告中，这也是我们将通过虫眼的发现运用到具体场景中的例子。

下面我们来看角瓶嗨棒的广告案例。通过鸟眼俯瞰时，让人感受到角瓶嗨棒所具有的品牌氛围、琥珀色的温暖印象以及"喝一口的幸福感"等角瓶嗨棒所带来的价值观和对社会造成的影响。

而用虫眼观察能使你感受到角瓶嗨棒入喉时的冰爽刺激感、发现酒杯上的格子图案原来和酒瓶上的图案一样以及看到印有"我们开始提供嗨棒了"的海报时想与大家喝一杯的气氛。

通过鸟眼俯视和虫眼近看问题，确认方案是否与社会氛围相一致非常重要。

💡 从普通人的视角看问题

用虫眼看问题时，重要的是要站在消费者的角度。因此，对于客户要推广的商品，我都会亲自试用后再考虑方案。也就是说，为了能做到用虫眼看问题，我们亲自使用商品非常重要。

仅站在商品生产者的立场看问题的话，难免会对商品注入个人感情以及忠于客户的强烈情感，使我们难以做出冷静客观的判断。因此，我们还需用虫眼从消费者的角度对商品进行客观地观察和分析，如实指出商品的不足之处或不好的地方。

▶ **从日常生活的角度看问题**

用
鱼
眼
感
受
时
代
变
迁

 了解时代的微妙变化

平时关注流行内容及把握潮流趋势也很重要。虽然这些信息可能与现在的工作内容及具体的方案并无直接关系，但如果错过这些信息，你可能在不知不觉间就与时代脱节，甚至可能会逆时代潮流而动，导致工作进展不顺利。

我们用鱼眼能够观察时代的流行内容及把握潮流趋势，也就是我们要像鱼一样去观察江河水的流动（时代变迁）。举例来说，从 2020 年开始，日本出现了几种明显的流行趋势，如户外帐篷、桑拿等，这些都是突然流行起来的。此外还有瑜伽、冥想等，最近"Well-being[①]"一词也开始频繁出现，引起了人们的关注。

上述几项乍一看好像都是孤立存在的，但都可以用"开放感""排毒"等关键词来进行说明。换句话说，这几个新潮流其实都是有内在关联的，而且还孕育着新的潮流趋势。

---

① 意为健康、幸福。——译者注

为了更好地推进企划工作，敏锐地捕捉和把握时代的微妙变化非常重要。

💡 找到第一只企鹅①

我经常和公司同事、一起共事的员工以及客户共同讨论当下的热议话题，探讨其成为热议话题的原因，并分析其背后的因素，因此有时我们也能发现下一个热议话题的预兆。

我尊敬的好对手、博报堂 Kettle 公司的鸠山浩一郎曾说过，他非常关注"时代的第一只企鹅"。第一只企鹅是指喜欢团队行动的企鹅群出去捕鱼时，第一只跳进海中捕鱼的企鹅。相当于人类社会中敢于挑战未知领域的第一人。换言之，就是不要错过一部分人热衷的事情。

以前，"历女②""御一人样③"等词一出现就成为流行词，因为之前已经有"第一只企鹅"为它们做了铺垫。而且，这也有可能

---

① 有时候企鹅为了检测海域里有没有虎鲸，它们会在悬崖边踹一只企鹅下海，如果被踢下海的企鹅不幸被虎鲸吞食，其他企鹅会再静待片刻，然后将另一只企鹅踢下海，继续观察情况。机遇和风险始终是共存的，如果没有虎鲸，那么第一只被踢下海的企鹅就有机会捕到更多的鱼。后来人们将第一个挑战未知领域的人称为"第一只企鹅"。——译者注

② 意为喜欢历史的女性。——译者注

③ 多指单身者。——译者注

成为今后某个潮流的发展趋势，所以我们不要错过任何一个细节，要仔细观察社会的方方面面。

▶ 找到第一只企鹅

所谓的用鱼眼观察并不是让我们在观察到"最近桑拿很流行""户外露营很流行"后便没有行动，而是应该进一步思考推动其成为潮流的背后因素，并用语言及文字将其记录下来。这样做才有可能找出某种潮流背后的现象和背景因素。

💡 用鱼眼分析无醇饮料的发展趋势

我最近关注的是无醇饮料市场极速扩大的趋势，这也许与新冠病毒疫情下日本政府提出的饮食店的禁酒令以及要求商业人士减少聚餐有关，但我认为原因绝非仅仅如此。

技术的发展使之前口感并没那么好的无醇啤酒及无醇气泡酒

在口感方面有所提高也是原因之一。在因新冠病毒疫情而导致喝酒精饮料的机会受限的情况下，更多人发现了无醇饮料的美味口感，而且喝无醇饮料还能获得像喝酒一样的满足感。因其不含酒精，喝过后既可以立刻继续工作也可以开车，所以无醇饮料得到了很多人的热捧——"这饮料不错"。

现在已经有越来越多的人发现，喝酒的目的是为了放松身心，暂时关闭工作模式的开关。其实在新冠病毒疫情来袭前，已有研究显示现在不喝酒的年轻人越来越多了，我认为其间接原因与可持续发展目标（SDGs）及 ESG[①] 等在全世界的影响越来越大以及发展得越来越快有关，即不给环境增加负担，不给地球带来压力的可持续发展理念。这种理念也反映在了人们的健康理念上，即和对待环境一样，也尽量不给身体带来任何压力。如今，从原宿猫街[②]（Cat Street）销售的时装中我们也能看到可持续发展目标及 ESG 理念的影响。我觉得可持续发展目标最终也将影响到酒类消费上。

如上所述，只有通过鱼眼去观察，才能看出各种变化趋势。有时，困扰客户的问题的原因以及问题的解决方案有可能就隐藏在那里。

---

① 环境（Environment）、社会（Social）和公司治理（Governance）的英文首字母缩写。——译者注

② 东京有名的一条商店街，街边有众多时尚品牌店、日本品牌旗舰店和令人惬意的咖啡厅等，因适合街拍而成了原宿地区的代表性道路。——译者注

专栏 │ dof 公司不参加竞标的理由

· 设定了前提条件的竞标

解决商业问题的过程中，"靠近问题的真相，找到问题的本质"是最重要的第一步。因此，我们对眼前展示出的内容不可盲信，而应该用平行视线去看待并思考问题。但参加竞标时我们无法用平行视线去看问题，所以我们 dof 公司基本不参加广告竞标，理由之一是这样做的话很难去否定客户的错误的订单内容。

进行广告竞标时，广告委托方对于各竞标方案只能做出"大冈越前模式①"的判断，而竞标会议室就像是大冈法官的法庭。在这种情况下，对于广告客户提供的任何信息我们都无法推翻或提出质疑。也就是说，我们无法发现真正的问题所在，也无法探究问题的本质。即使客户提供的信息是错误的，我们也只能按照他们提供的错误信息去思考解决方案。

---

① 大冈越前是日本江户时代的著名法官。此处意指虽相对公正，但也讲人情味的判断。——译者注

· 胜负的标准取决于竞标方案

因为是竞标，所以参与竞标的专业人员只会按客户提供的信息去构思最佳方案，即能在竞标中胜出的方案。但是，这样的方案是否有助于解决问题？是否能真正提高投资效果？这完全是两回事。

换言之，就是公司一旦决定参与竞标，就只会想办法战胜共同参与竞标的对手，而不会考虑去战胜客户的竞争对手或考虑为社会做贡献。中标方仅仅为客户提供的信息做出了最佳回答，而这个回答并非真正问题的最佳答案。提出广告客户所期待的解决方案当然可以使客户心情愉悦，但这样做可能只能做出无法打动人心的普通广告而已，所以从这个意义上来说，在竞标活动中胜出并非真正的胜利。

· 为什么企业喜欢举办竞标活动

为什么有些企业喜欢举办竞标活动呢？我认为可能是因为他们对竞标有很大的误解，例如他们认为"集思广益，总能找到好的方案""从众多方案中挑选一个，成功的概率会更高"等。但是，广告是创意竞争，即使竞标胜出也并非意味着中标者一定能想出好方案。如果客户在进行项目介绍时提供了错误的信息，那么中标者提出的解决方案就不可能接近客户所期待的结果。

令人遗憾的是，为了向上司交代"我们通过竞标选出了最佳广告合伙人"而特意开展竞标活动的企业并不在少数。这就好比有些部门重视的不是结果而是可以堂堂正正地说"我们是通过多方比价后才定下的方案"。这样的话，如果将来结果不理想，他们也可以将责任推到提出解决方案者的身上；而如果成果超出想象，他们也可把功劳揽在自己身上。这样的事例并不少见。因此，我们 dof 公司绝不参加竞标，因为我们不认为通过竞标就能获得好的结果。

· 对客户来说也是一种损失

其实，对于客户来说，竞标活动也不是什么好事。举例来说，随着工作方式的改变，广告代理商已很难像过去那样与客户保持紧密关系了。尤其在有其他竞争对手、不到最后都不敢确定最终能否拿到订单的情况下，优秀的创意者无法充分参与创意工作。为竞标而专门成立的团队在竞标失败后不得不遗憾地宣布解散："很遗憾，团队就此解散，明年竞标时再重新组建。"这样的做法很难吸引并留住优秀的人才。

比起总是被人估值，而且还不知什么时候就被放弃，优秀的人更愿意到信任自己并对自己委以重任的地方去工作。但令人意外的是，有很多人没有意识到这一点。比起让优秀的人参与竞标，不如让其与相互信任的合伙人构筑良好的工作关系，一起思考如何才能想出好创意，这样做更能提高工作效率及生产效率。

其实，真正的专家在一有人提到竞标时，他们的热情就会被浇灭一大半。如果不能构筑良好的合作伙伴关系，对方不仅不会竭尽全力地工作，还有可能不愿接受工作委托。

· 找商务合作伙伴就如选择结婚对象

经常听到的比喻是，所谓竞标就跟一个想结婚的人，同时约婚姻介绍所给自己介绍的 3 名异性一起吃饭一样的感觉。即使不是同时约出来，但会明确和约会对象说"我除了约了你，还约了其他人"的感觉。这种情况下，对方会有何感受呢？这样的做事方式真的能找到优秀的合作伙伴吗？

我认为找合作伙伴不应该这么找，而是在遇上喜欢的人时，与对方好好沟通，看对方是否能理解自己以及是否是值得托付的人，在看清问题后再构筑相互信任的合作关系更好。

其实我们并不会在竞标会上感到紧张，而是会在接受客户的委托时紧张。因为接受客户的委托后，所有的责任已转由我们承担，我们的工作就只允许成功不允许失败。接下来，使团队的所有成员都了解和肩负起这种紧张的使命感，让大家以专业的精神去面对客户并帮助客户解决问题。

第二章

拟订解决方案

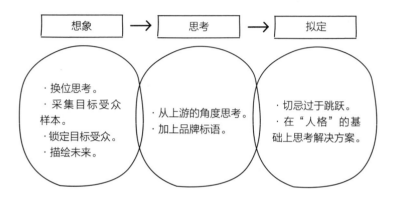

在商业创意工作中，在找到问题本质后，我们接下来该做的就是拟订解决方案。先确定广告的目标受众是谁，再去想该以什么方式做广告，暂定问题的解决方案。本章将就上述内容展开叙述。

换
位
思
考

 与自己不同类型的人占九成以上

我们的工作是说动别人（如消费者），或者促使别人购买商品，所以必须经常思考如何说服消费者、如何才能使其动心等。

当然，我们想争取的目标人群是与我们不同类型或类别的人。如对于自称"40多岁住在市中心，收入及生活水平处于中等偏上"的对象，其实我们还可以对其进行进一步细分，但此处先将其归为一类。

有研究表明，世上与自己属于同类别的人仅有1/10甚至1/20，剩下的9/10或19/20都是与自己不同类型的人。怎样才能让与自己不同的人动心并愿意购买自己推销的商品呢？为了说动他们，应该给他们发送什么样的信息呢？这些都是我们应该认真思考的。

例如，新冠病毒疫情使远程工作成了常态。我每天也在使用中目（Zoom）软件参加线上会议，但如果因此就认定"用Zoom早就是常识了"还为时过早。就日本来说，实际参加过线上会议的人不到所有参加工作的人的两至三成，而有能力召开线上会议的人不到一成。这种自以为是常识的感觉最容易让我们陷入误区。

▶ **与自己属同类别的人只是极少数的**

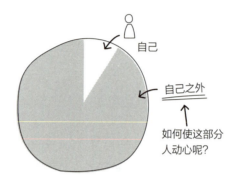

自己

自己之外

如何使这部分
人动心呢？

大部分人都是以自我为中心思考问题的——"我是这么想的"，而对于"对方到底是怎么想的"等细节有较高分辨能力的人并不多。

在思考如何解决商业问题的基础上，重要的是先要摒弃个人体验或日常生活中随意的想象以及个人思维习惯，简言之，就是要从这样的视角去思考问题："目标受众是怎么想的？""看完广告后他们会有什么样的心情？""他们面临的现状是什么？"

💡 大叔有时也可成为女高中生

这时，最重要的关键词是"换位思考"，也就是说把自己想象成另外一个人。

创立 dof 公司之前，我只是一个广告销售员。现在我成为一名创意总监，经常帮助客户解决商业问题且经常被客户委托广告创意工作。我认为能使这一切成为现实的主要原因就是我会利用换位思考去思考和分析问题。

▶ 有时把自己想象成女高中生

举例来说，当我从事以女高中生为目标人群的广告工作时，我会让自己的脑回路转到女高中生的频道上，尽量想象她们的日常活动，例如，今天和朋友一起闲逛，我们买了一份可丽饼边走边吃。我们花 4 小时逛了 8 家店，最后只买了 1 件 700 日元的 T 恤。然后，又在麦当劳买了几百日元的茶消磨了 3 小时……

针对上述情景，我还想到了"此时向女高中生的手机连我 ①（LINE）账号上发送什么信息好呢""看到这些信息后她们会有什

---

① 韩国 NHN 公司旗下的跨多平台的免费通信软件。——编者注

么反应呢"。

　　在拟订解决方案时，了解当事者的日常生活方式并把自己想象成目标对象去思考和分析问题非常重要。当然，我们不可能完全了解与自己不同的人的思维和行为方式，但事先想象不可或缺。

采集目标
用户样本

💡 被儿子提醒的"当下"

和正在读高中的儿子谈到宝矿力水特[①]广告时，他说了一些让我深感意外的话。

以前宝矿力水特的广告多为通过集体舞蹈等形式体现青春和活力的广告，但是，其最近的广告内容有点偏向描绘个人情感了。儿子说他常被这些广告内容戳中泪点，如"回响""起风了"等。现在的高中生好像不怎么喜欢团体活动，所以他们更喜欢与此相反的、体现个人情感的广告内容。

对于年过40岁的我来说，我并没有这种感觉。我之前认为，热情高涨的场面及行为应该更容易打动年轻人的心，但后来我发现，如今高中生的情感世界已经与之前不一样了。由于可以通过社交媒体等与朋友保持线上联系，使得现实中真实的朋友关系越

[①] 一种电解质补充饮料，由日本大冢制药株式会社研发。它与人体体液相近，能迅速补充人体流失的水分和电解质。——译者注

来越淡，因此对"大家一起热闹起来"的场面，年轻人反而持有怀疑态度。

像这样在与儿子的闲聊过程中获得的感受，使我下次再把自己想象成高中生时的思路更加清晰。

💡 从奢华酒店到千元买醉

为了能更好地换位思考，我们必须对目标群体有更好的了解。另外，需要换位思考的对象是多种多样的。而且，不同业界和企业以及不同的案件需要换位思考的内容也不同，我们至少要进行10~20次换位思考想象才有可能做好。

例如，我们公司也有专门以企业高管或高收入人群为对象，为其提供豪华商品或服务的广告经验。只有真正了解他们的真实生活状态才能想出好的解决方案。为了更好地了解这些人的真实生活，我们必须了解一晚10万日元的高级酒店的服务内容等（虽然我并不向往和喜欢这样的高消费生活）。

另外，我们还必须了解"千元买醉"的廉价消费方式（只花1000日元便能喝得醉醺醺的低价酒馆的俗称），了解酒友们是如何在破旧的老街的酒馆开怀畅饮的心情和感受（我非常喜欢这样的饮酒方式）。

因此，平日里我们要有意识地对各行业、更多的人和事先进行采样，尽量从感情上、行动上对他们进行细心观察，了解他们的想法和感受。只有这样，我们才能找到合适的对象，并合理地假设各种问题的解决方案。

💡 高速公路服务区是采集样本的宝库

以超市为例，我们观察超市卖场虽然很重要，但更重要的是要注意观察超市里的客人，以增加换位思考对象的采样数量。如观察熟食区的客人和生鲜区的客人有何不同，罐装气泡酒区的客人和啤酒区的客人有何不同等，通过提高对消费者行为细节的观察，将有助于我们设计出能感动目标人群的方案。

为了扩大采样范围，到平时不常去的地方进行观察也是一个有效的方案。例如，为了更新驾照而到交通管理局或驾照考场时，到与日常生活不同的地方时，遇上平常不太常见到的人时，大多数人都会有"这世上还有这样的人呢"这样的惊讶吧。

如果仅生活在熟悉的日常生活环境中，就只会遇见和自己生活圈相近或相同性格的人。在工作地点，人们往往喜欢与自己性格相似的人聚在一起，不管对方是否是自己的朋友。但是，为了换驾照而到一个平时不常去的地方时，就能遇到平日生活中很多见不到的人。

在高速公路服务区，可以遇到很多与自己不同类型、不同性格的人，那里是一个观察不同人的行为的好地方。那里汇集了来自全国各地的男女老少，他们在那里或是休息，或是上厕所，或是购买土特产，或是吃饭等。

 ## "我能到您家里去看看吗？"

比起数量，换位思考的样本采集更重要的是质量，也就是说，深入了解对象非常重要。东京电视台有一个热播节目叫《我能到您家里去看看吗》，每次看这个节目时，我都会对"原来别人的生活是这样的"而感到惊讶。对于目标人群的了解如果也能做到这一步就非常理想了。

过去在接受资生堂化妆品的广告委托时，我曾在得到允许的情况下去过消费者的家里，观察他们家里的梳妆台或冰箱等。能当面看到消费者的日常生活，我们才能更深入地了解消费者的心理，从而才能更加真实地换位思考。如上所述，为了更好地了解客户心理，去观察他们真实的日常生活是 种非常有效的方式。

为了提高对客户的观察能力，我们也可以采取其他措施。例如我们公司的广告客户三得利公司为了更好地了解消费者心理，采用了"深度采访法"，即深入采访每一位客户，通过"平日的生活是什么样的""一般什么情况下会喝酒""为什么喜欢这个电视节目"等问题，逐渐深入挖掘和了解消费者的生活。通过这些问题，他们虽然没有进入消费者的家里，但也能对其想法和生活实态有更清晰的了解和认识。

此外，直接到现场征询消费者意见也不失为一个好办法。

SOURCENEXT 公司的松田会长现在还是经常到实体店，观察到店的客人都是什么样的人，他们的烦恼和需求是什么等。松田会长说："不这么做的话就不能很好地了解客户需求。"对此我深感认同。

为了拟订有说服力的解决方案，换位思考的数量和质量两者缺一不可。

锁定目标
用户

💡 能说出用户的名字

在拟订解决方案时，我们必须先明确广告到底要打动谁，从而锁定目标用户。经常出现的失败案例是为了扩大销量而尽量扩大目标用户范围，这样做容易掉进陷阱，即将人口份额最多的群体或看上去最愿意花钱的群体设为目标用户的陷阱。

▶ 找到绝对需要我们商品的那个人

目标用户不应以我们自己的一厢情愿去设定，而应从用户的角度进行细化和锁定，我们的最终目标是将目标用户细化到"如果是那个人的话，他绝对需要这款商品"并能说出那个人的名字为止。即使我们不能马上说出那个人的具体名字，也要做到熟悉用户的具体形象，并能流利回答出"（目标用户）在早上 7 点时一般在做什么"。

💡 数据很重要但也埋着坑

最近也有人通过分析销售终端的数据，并以"这款商品在这个群体最好卖"为依据对目标用户进行锁定。现在是一个可以通过数据就能了解各种结果的时代，但是，在以数据为基础决定目标用户时我们必须注意不要陷入数据陷阱中。

之前我遇到过这样一件事。某点心生产商在进行项目介绍时说，自己公司的所有商品都是以 30~40 岁的家庭主妇为目标用户的，这样设定的依据源于超市的销售终端数据。据超市的销售终端数据显示，这个年龄层的家庭主妇最喜欢购买量大且超值的商品。

于是，分析销售终端数据后，该生产商提出了"家庭主妇喜欢购买量大且超值的点心回家吃"的结论，但当时我对此持怀疑态度。因为如此量大的点心不可能是主妇一个人吃的，而是买回家与孩子及家人一起分享的。如果只基于销售终端数据而将家庭主妇设定为目标用户并开展促销宣传的话，我估计无法得到期待的结果。

另外，即使通过数据明确了自己的商品在某年龄阶段确实销量很好，但如果以同年龄段的消费者为对象的竞争对手的类似商品已经充斥了整个卖场，使卖场成了同类商品激烈竞争的红海[①]时，再继续在这个商品上投入资金和精力进行促销可能并不是问题的正确解决方案。

💡 事例：人工智能语音翻译器 Poketalk

下面介绍在为 SOURCENEXT 公司的人工智能语音翻译器 Poketalk 进行广告推广时，我们是如何设定目标用户的。

因为刚开始我们并不知道这款商品能给谁带来影响，所以我们没有着急设定目标用户。我们先想象了需要翻译器的场景，最初浮现在我们脑海里的是商务场合。实际上，后来我们也是从商业需求开始进行探讨，并想以商务人士为目标用户进行广告宣传的。此外，我们还考虑到了接待入境游客的商店以及喜欢使用程序插件的人使用翻译器的场景。

正如前文所述，我在英语方面并不存在什么困难。因此，我们去采访了一些完全不会英语的人，了解他们对于人工智能语音

---

① 竞争相当激烈的市场。——译者注

翻译器 Poketalk 的需求度。意外的是，他们几乎异口同声地回答"这个机器太棒了""有了它，我即使不会英语也不会再感到为难了"。对于不会英语的人来说，能将读出的《日经新闻》的内容完美地翻译出来的 Poketalk 就如同进入黑暗洞窟时的火把一样。

后来，我们又与 SOURCENEXT 公司的松田会长等人进行了多轮讨论，探讨了各种可能性。松田会长是一个喜欢观察别人的人，担任会长后，他仍喜欢亲自到店里观察顾客。因此，我们的讨论是在怎样才能列举出具体的、需要商品的人的基础上进行的，例如"使用人工智能语音翻译器 Poketalk 的人是这类人群""那样的人也有需求"等。

最后，我们做出的综合判断是不限于商务领域，而是应该面向更多消费者进行广告宣传。我们拟订的方案是面向海外游客，尤其是只偶尔出国旅游的年长者。而且，我们深信 Poketalk 是一款可以改变世界的商品。正是因为拟订了以年长者为目标用户的方案，所以我们才决定将 Poketalk 上市作为一件大事进行宣传推广。接着，在这个拟订方案的基础上，我们又提出了一个解决方案，即聘请国民明星明石家秋刀鱼拍摄在国外用 Poketalk 购物时的场景的电视广告。

天马行空地
描绘未来

 尽情想象"这样做最好"

思考拟订方案时，我最常做的一件事是描绘未来——"如果能达到这种程度就太好了"，即先把现状暂时放在一边，尽情地描绘未来。不是按部就班地想象未来，而是脑洞大开，尽情地想象美好的未来。

举例来说，在参与三得利角瓶嗨棒广告时，我们和三得利公司的人一起描绘了这样的未来：在不久的将来，角瓶嗨棒成了大家日常生活中不可或缺的饮品，成了一种灵魂饮品。这是在日本的威士忌市场已经连续 25 年呈曲线下降趋势的大背景下的大胆想象。有关这方面的内容我将在后文详述。

当时，我们描绘的未来是角瓶嗨棒成了与啤酒一样普遍的饮品，人们点餐时会自然地说"先来一杯角瓶嗨棒"。我们大胆想象着人们餐前的第一杯酒不再是啤酒的未来。以前只在二次会^①上才

---

① 日本公司聚会时，一般第一次都是全部人聚餐，结束后有人会提议再去喝一点，这是自由参加的。——译者注

会想起的威士忌，未来会成为人们餐前的第一杯饮品，或在露营及节日等白天也会被人们频繁饮用的饮品。我们经常和广告客户进行这样畅想美好未来的讨论。

对人工智能语音翻译器 Poketalk 的想象也一样天马行空，如"外国游客常去的店里必备""车站工作人员人手一台""因为机场里可租借所以很多人都会去租用"等，而对出租车打车软件"GO"，我们想象的则是在与客户畅谈"马路边有出租车的上下车点，但 GO 却没有，这不正常，将来 GO 也得必须有"。现在，这个目标正在逐渐变成现实。

▶ **打车软件"GO"**

"如果这么做的话应该能实现"，有时候像这样过分拘泥于现实只考虑眼前，很难取得令人瞩目的成就。首先我们要大胆描绘未来，然后逐步靠近所描绘的未来——"要实现这个远大目标，

现在应该怎么做呢？"这样才可称得上是创意的解决方案。

你最希望谁购买自己的商品

在描绘未来时，我有时会这样问广告客户："你最希望谁购买自己的商品？"

当然，只要是购买自己商品的客户，不管是谁，作为生产者都会高兴。但是，请想象有这么一个人，他们购买或使用自己的商品及服务时会让我们更高兴。当然，这个人是谁都可以，可以是自己的朋友，也可以是名人。例如，丰田公司的普锐斯（Prius）系列汽车在美国曾获超高人气，这一切归功于影星莱昂纳多·迪卡普里奥（Leonardo DiCaprio）曾经乘坐过该车型；阿贝克隆比 & 费奇（Abercrombie & Fitch）的时装在日本流行起来的契机是木村拓哉曾在他主演的电视剧中穿过。

总之，我们要想象有一个人会对自己的商品感兴趣，"如果这个人购买或使用我们的商品及服务的话就算成功了"。在了解目标用户的基础上，再想办法去理解目标用户，才是一种很好的头脑风暴。

在喜欢与客户亲近的经营者中，有一位名为杉江理，他是电动轮椅公司蔚尔（Whill）的社长。蔚尔的电动轮椅外观漂亮且很轻。在蔚尔电动轮椅上市之前，市面上的轮椅并不具备这样的优点。

　　这是好多年前的事了，那年我第一次与杉江理聊到蔚尔电动轮椅时，我提出了这样的建议："在东京奥运会开幕式上，如果让作为圣火传递者的长岛茂雄[①] 坐着轮椅上场会引起怎样的轰动呢？"

▶ **蔚尔的电动轮椅**

　　此处只是为了让大家更容易理解，我才以长岛茂雄为例的（当时确实没想过他是否能在东京奥运会开幕式上作为圣火传递者登场）。我想通过这个事例引发大家的思考——"你最希望自己的商品被谁使用，你认为被谁用过后可以提高商品的好评度"。其实一提到长岛茂雄，我的脑海里就浮现了喜欢长岛茂雄的年长者们。接着我又想到喜欢长岛茂雄的年长者的比例是多少？人数大约有多少？他们具有什么样的属性等。

----

① 日本知名的职业棒球选手、教练。——译者注

　　"如果将来能做到这样就好了""如果我们的商品能被这个人使用就好了"，如果能与用户达成共识，就更加容易确定目标用户，也更容易进行换位思考。当然，我们也就能自然而然地更大胆地思考拟订解决方案了。

💡 让客户相信未来

　　畅想未来时，我们还应该让客户坚信你们能一起实现所描绘的梦想和未来。也就是说，我们应该向客户发出这样的积极信息："目标一定可以实现，让我们一起努力吧！""为了实现目标，我们一起探讨最好的实现方法吧。"

　　有一个远大的目标，而且还有确实可行的解决方案，肯定也能激发对方的兴趣——"原来还可以这样做呀，这样做一定可以"。因此，原本只是描绘未来的行为，对客户来说也成了一个愉快的过程了。

　　我们要考虑的未来不一定是基于现状而慢慢发展变化的延长线，也可以做出大胆的预测——"如果能实现就太好了"。也就是说，我们应该在思考解决公司问题的方法的基础上，提出有效的拟订方案。先不要有"这样做可能不太行"等消极的想法，而是一定要积极、努力、大胆地向前看。

从
上
游
的

角
度
思
考

很少有仅靠促销就能解决问题的案例

我们经常收到客户的促销策划委托，但是我在思考问题的解决方案时不会贸然去想促销的事情，而是先站在商业的"上游"，再考虑促销的事情。所谓的促销其实是"下游"的事，就是考虑如何将做好的商品向消费者展示，再如何将其销售出去，是属于最后考虑的商业问题。

那么，所谓"上游"都包括什么内容呢？主要包括产品和附加价值。再往上看的话，还包括企业组织和文化、经营者、员工及商业模式等。

第一章中也提到过，如果一开始就决定妥协点，就会离问题的本质越来越远。即使最终还是要通过促销来解决问题，但我们必须从上游思考问题，才能理解真正的问题所在，并提出合理的解决方案。而且，有时我们还必须考虑商品开发及构建组织架构等因素。

仅靠广告去解决问题的作用有限，在考虑广告或促销之前，

▶ 从上游的角度思考

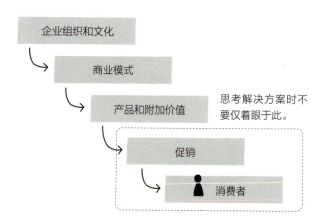

我们必须先好好了解商品、公司的组织架构以及销售机制等。因此，我们有必要让位居上游的广告客户也参与进来，与我们一起思考解决方案并采取行动。

市场营销中也确实有用钱就能解决的问题，因为钱可以用来打各种广告。但有时广告也有可能像在沙漠里只洒一盆水一样不起作用。另外，如果是公司上游存在问题，就需要动用公司内资源或进行开发，这时就会发现很多问题是无法仅靠钱就能解决的，要解决这些问题非常不易。

发现问题后切不可知难而退，即使面临很大的困难或麻烦，我们也必须追溯到上游，针对发现的问题绞尽脑汁想方案，因为不这么做的话，我们就无法解决真正的问题。

事例：打车软件"GO"

　　最近，演员竹野内丰代言的广告在电视及出租车里的显示屏上轮番播出，所以可能有读者已经看过 Mobility Technologies 公司的打车软件"GO"的市场推广广告了，这个广告也是我们 dof 公司策划并实施的，是我们从上游开始思考问题的典型案例。

　　该打车软件上市已有七八年了，但是其在日本的利用率只有 2% 左右。因为在日本，路上的出租车有很多，而且在电车站附近就有出租车乘车点，还有很多人习惯了打电话叫车。

　　在这样的背景下，日本交通株式会社的"JapanTaxi^①"和 DeNA 集团的"MOV"想合并成一个新的品牌"GO"，为了更快地获得客户的认可，他们计划进行市场推广，因此找到了我们。

　　接到他们的委托后，我们没有先思考如何进行推广，而是冷静分析了"这个打车软件将面临什么问题""能给乘客带来什么便利"等。因为我们认为推广之前最好要先站到商品上游的角度，直面现实，洞察乘客的内在需求。

　　不管如何大力宣传"我们的打车软件很方便"，乘客也可能不会领情。因为出租车的经济合理性本来就不高。出租车的费用大概是其他交通方式的 10 倍，例如，在日本坐电车只需 200 日元

① 　日本本土的一款出租车打车软件，也是日本国内最大的叫车服务平台。——译
　　者注

的路程，乘出租车的话就需要 2000 日元。

不过，相对于 10 倍的费用差价，如果乘坐出租车也能相应地获得 10 倍便利的话，乘客也会选择出租车，但显然，对于大多数乘客来说，乘坐出租车并没能让他们获得那么多的便利。我们必须正视这样的现实，而且，我们必须对此做出新的解读和赋予其新的含义。

我们开始苦思怎么做才能给乘客一种强烈的印象，即用"GO"软件叫车是商业界的一种新常态。例如，有重要的发布会或商谈时，不用再乘坐拥挤的电车而是可以快速、简便地叫到出租车，在车上还能有时间整理资料或在脑海里过一遍重要信息，而且不会迟到。我们要将这样的便利性更清晰地呈现给乘客。如果仅简单地强调"用'GO'叫车很方便"或"这是一款非常好的打车软件"是无法打动乘客的。

深思熟虑后，我们拟订了"早上打车就用'GO'"的文案和送咖啡优惠券的方案。我们的目标是先让乘客养成早上从家里乘坐出租车到公司、与客户商谈的地点、车站的习惯。这么一来，用"GO"软件叫车也将成为一种新习惯了。通过发放咖啡优惠券等先让乘客体验和感受到早上用"GO"软件叫车的便利，因为早上的通勤时间段能去接客的车最多，这会让乘客产生"早上叫车就绝不会迟到！"的心理。因此，我们决定与全家便利店合作推出这项推广活动。

▶ **与全家便利店合作**

同时我们还提出了与航空公司合作的建议并被广告客户接受。最后我们成功推出了用"GO"软件叫车不仅可以获得日本航空（JAL）公司和全日空（ANA）航空公司的空中里程积分，还可以获得出租车的地面里程积分的推广活动。

▶ **与航空公司合作**

如果仅站在下游去思考解决方案，即只思考如何靠广告来解

决问题是绝对想不出上述解决方案的。咖啡优惠券及里程积分等旨在为乘客带来便利的创意，是只有站在商业的上游才能看得到、想得出的。另外，与一般的促销方案不同，这是在与便利店和航空公司等第三方公司合作的前提下才能实现的促销方案，不像单纯的广告促销一样，只需花钱做广告便能解决问题。这是我们与客户紧密合作，共同克服了种种障碍后才得以实现的方案。这就是商业上所谓的"创意地解决问题"。

加上品牌标语

💡 用一句话概括，你们商品的魅力是什么

在思考解决方案时，必须先重新定义商品或服务的价值及存在意义，我们将之称为"加上品牌标语"。如果不先这么做，而是马上开始思考解决方案或过分依赖所谓"表现力创意"的作用，就很难取得好的成果。这里说的品牌标语并非商品名称，而是我们想给顾客提供的便利、顾客想要的东西以及能让顾客领会和接受的东西。换言之，就是"用一句话概括，你们商品的魅力到底是什么"，也就是说，你想将商品展示给谁看，而且还得让对方一看就能感受和理解到商品或服务的魅力。

下面以我们帮助 SOURCENEXT 公司制作的广告词为例。

品牌标语：梦幻翻译器 Poketalk。

品牌标语：360° 网络摄像头——Meeting OWL。

不真正理解商品的魅力就不能拟订出好的方案

给广告加上品牌标语的理由有很多，其中之一是为了更加明确商品或服务的特征以及其给人们带来的便利性。也就是说，加上品牌标语是为了明确这款商品的存在意义，即能给顾客带去什么便利。

仅仅是商品或服务名称是不会让人想到该商品到底能给他们带去什么便利的，还未被人们认知的新产品尤其如此，所以品牌标语必须做到让即使没听说过该商品的人也能一听就明白。从一开始就将商品或服务的特征及便利性用简单明了的品牌标语表现出来，可避免团队成员看错或理解错，也可更加有效地明确"到底谁最需要我们的商品"，从而明确目标用户，帮助我们理解商品的魅力，有助于我们尽快找到解决方案。

反过来说，就是不要在还没确定品牌标语之前就急着思考"表现力创意"。有人说"总感觉想法就在脑海里了，但怎么也想不起来……"，那是因为没有加上有魅力的品牌标语，同时也证明了他还没弄明白"该商品主要针对谁""这项服务的真正魅力到底在哪"等真正问题所在。

在确定好品牌标语的基础上再去思考"表现力创意"，才有可能想出能打动目标人群的广告词。例如，我们从人工智能语音翻译器 Poketalk 的品牌标语——"梦幻翻译器"想出了"用 Poketalk 沟通全世界"的创意广告词；从 Meeting OWL 的"360° 网络摄像头"的品牌标语想出了"线上会议必备"的创意广告词。

品牌标语

宣传语	用 Poketalk 沟通全世界!	线上会议必备
品牌标语	梦幻翻译器	360° 网络摄像头
产品名称	Poketalk	Meeting OWL
图片		

也有一些企业已经有了品牌标语,在这种情况下,在思考解决方案之前,我会先与创意小组一起探讨这样的问题——"这个品牌标语在什么情况下提出最能迎合人们的需求""这款商品最能给什么人带来帮助",在我们重新思考商品的品牌标语后再开始企划。我们考虑的是这款商品或服务最想达到什么目的、能给社会及消费者带去什么便利从而让社会变得更好。

我认为站在最基本的立场上思考"商品的初心是什么"非常重要。

说句题外话,有的广告品牌标语与商品名称完全一致。举一个不是我提出创意的事例,"食用辣油"就是将商品名称作为广告品牌标语的成功案例。这个案例非常棒,让人们一看到商品名称或品牌标语便能立刻明白到底是什么商品。

切忌过于跳跃

💡 自由遐想也有底线

过去有位证券公司的市场部负责人与我商量一件有点奇怪的事，他说最近由于市场竞争太激烈，他们在争取二三十岁的年轻顾客方面毫无胜算，"所以我们打算主要争取十几岁的顾客，以提高他们十年后的回想率。"

作为一种设想，这样做也不是不可以，如果这种想法能实现的话会很有意思。但是，在人们的观念中，大多数人都认为想让十几岁的人对网络证券、股票买卖等商务服务有一定的认知是一件非常难的事，所以即使针对他们大力进行广告宣传，很有可能没人能领会并接受。这样的想法与其说是自由地畅想，不如说是想象得过于跳跃了。而且，在细问后我了解到，他们社长还未知晓这样的想法，因此这位负责人还想做一份能够说服社长的方案。可能该公司的社长也认为这样的想法过于跳跃了，所以该市场部负责人最后也没能说服社长。最终我们也拒绝了这个广告请求。

思考解决方案时，我们很容易犯的一个错误就是思维过于跳跃。虽然跳出之前的框架，自由发挥想象力非常重要，但也有应该遵守的准则。因为不管想出了多好的计划，如果刚开始就想错了的话就有可能招致惨痛的后果。

让威士忌变得和啤酒一样畅销

下面以三得利角瓶嗨棒为例进行说明。

我们和三得利公司的负责人探讨如何将当时尚不受大众喜爱的威士忌向市场推广时，曾和他们一起描绘了让大家的点酒习惯由"先来一杯啤酒"变为"先来一杯嗨棒"的美好未来。虽然如此，但我们并没有想过将啤酒广告和推销模式照搬到威士忌上。

嗨棒是由威士忌调制而成的鸡尾酒，所以我们打算给人传递一种有"湿度"的湿润印象。兑苏打水后饮用时，其会有与清凉饮料一样的舒畅、清爽等口感，但是这种口感与普通清凉饮料的口感不一样，与啤酒和气泡酒的口感也不一样。我们认为应该尽量在由威士忌调制而成的嗨棒中保留和传递"圆润"这个因素，这非常重要。

提到潮流，给人的印象一般是休闲放松、简洁明快、清新、清爽的感觉，但因此而全往这个方向思考并不明智。即使想向人们传达嗨棒传承了威士忌的清新爽口，但也必须保留威士忌特有的绵柔常润的口感及威士忌独特的酒香味。

　　思考商业问题的解决方案时，加入新的行业内容很重要，但也不能脱离行业的基础。如果完全与之前的行业基础无关而过于跳跃就会出问题，可能会让消费者感觉"他们在骗人吧""他们在做超出自己能力的事"，从而使企业面临信用危机。

▶ 切忌过于跳跃

💡 保持不变更难

　　解决商业问题时我们经常需要做出改变，但必须注意的是不可以将改变作为目的。其实，改变或做新的尝试都是很简单的。

　　"我们公司没有这样的商品，但是竞争对手有，他们的商品不错也很有意思，所以我们也想有所改变。"这样的话说起来当然简单。另外，因为改变后确实会让人感觉自己已经努力做过什么了，所以心里也会很舒适。但我认为，在重视公司事业基础的前提下加一些创新元素才是正确的，而不是突然大幅度进行改动。就如老字号的鳗鱼店欲改变祖传蘸料时，要一点点地改变而不是突然大改。公司也一样，应该在预测和结合时代发展需要的基础上，慢慢加入新元素以对现状进行更新。

以大碗盖饭为例，上面的盖菜可随潮流的改变而加上香菜或飞鱼籽等，但是下面的米饭却不可替换。米饭中的大米可以从越光米换为笹锦米①，或试着换成糙米等，但万变不离其宗，一定得是大米。上面的盖菜也可以换成松露等西洋蘑菇，但不可以突然换成拉面或荞麦面。

想法过于跳跃或者轻易就改变现状不仅无法解决问题，还有可能破坏公司赖以生存的最重要的基础。

---

① 越光和笹锦均为日本知名的大米品牌。越光米的产地为新潟县，笹锦米的产地为宫城县。——译者注

解决方案要
注意法人的
人格

 法人也有个性

如前文所述，如果不重视公司赖以生存的基础而轻易改变的话，不仅不能解决问题反倒可能让情况进一步恶化。那么，对法人来说，绝对不可动摇的基本，即法人的核心资产（最有价值的东西）到底是什么呢？

我认为是法人的"人格"。如果忽视了法人的人格就不可能找到有效的解决方案。代表公司的"法人"一词中有个"人"字，这说明公司也有人格。如果解决方案与公司的"人格"不一致，那么这个方案肯定不能很好地解决问题。和人必须要穿合身的衣服一样，对公司来说也有符合自己的广告及沟通方式。

以日本的四大手机运营商为例大家更容易理解。四大运营商推出的创意方案和人们印象中的都不一样。都科摩（DoCoMo）公司给人厚重冷静的印象；软银（SoftBank）集团最初给人一种富有挑战精神的挑战者印象，之后在 au 公司的"三太郎"系列广告的反击下有所沉寂，最近又开始和乐天手机一起以新的挑战者形象

出现。

　　成熟且具有优秀传统的公司一般都会用较稳定的表述方式来体现自己的法人人格，不会像新成立的公司或进攻性公司那样喜欢用挑战性的表述方式。

💡 人们不会接受法人突然性情大变

　　人们对法人都有一种固有的印象，如果给人一种完全脱离了之前印象的感觉，就会让人产生"这不可能做到吧"的感觉，如果继续勉强为之就会离目标越来越远。当然，新成立的公司还未给人固定印象，或是初次与人沟通时，就如同转校来的插班生初次走进教室与大家见面一样，由于还未被人熟知，因此此时给人的第一印象很有可能就是那个人的人格。但是，当某天自己突然形象大变时，一定会让同班同学感到不适应。就像《哆啦A梦》里的胖虎某天可能突然变得懂事、爱学习，但绝不可能变成歌唱得很好听的人[①]。

　　勉强让自己改变形象时，有可能会失去人们的信任。而让人失去信任的不仅是商品或服务，还有可能让人误以为这个法人撒谎、不可靠，所以应该尽量避免这样的情况发生。

---

① 　胖虎是动漫《哆啦A梦》里的主要角色之一，角色形象是长相凶悍、性格霸道，唱歌难听可以说是他的最大特色。——编者注

思考商品和服务之前先确认公司性质

越强的品牌，其法人人格也越能得到员工的认可。可能是因为这些公司的员工大都是因为喜欢该品牌或公司才到该公司任职的吧。例如，"丰田公司就是一家生产制造企业""资生堂公司的产品就是这样的"，越能代表日本文化的公司，其员工大多都对自家公司的资产（形象资产）越有清晰正确的认知。他们非常明确自己应该做什么，什么事情是绝对不可以做的。另外，成立时间不久的公司，或是急于追求快速成长、急功近利的公司有可能不把自家的资产（形象资产）当回事，忘记了应该严守的原则。

因此，在与客户探讨方案时，我们不仅围绕他们委托的商品或服务交换意见，还会提出"贵公司应该是一家这样风格的公司吧"等问题，与对方一起从上游对法人的人格进行探讨。

专栏 | 为解决问题而开展了社团活动——永谷园

· 永谷园的烦恼

在 dof 公司的创立初期，永谷园公司的"不怕冷小姐"生姜系列快餐杯汤给我留下了很深的印象。我想应该有不少人在超市或便利店中看到过甚至买过该系列商品。从这个系列商品的开发到市场推广，我们 dof 公司都全程参与了。

永谷园公司的茶泡饭和拌饭料很有名，该公司最早是京都的一家制茶企业。之后，在东京的爱宕下开了一家茶店，开发及销售各种商品。其中，其开发出的划时代产品就是茶泡饭。

以前，茶泡饭只有在日本的高级餐厅才能吃到，是一种非常高级的料理，听说味道也很不错。因此，为了开发出能让普通大众也能简单品尝到高级料理级别的茶泡饭，永谷园公司开发出了茶泡饭海苔，大受人们欢迎。

之后，永谷园公司又开发出了许多极具创意的产品，例如只需将什锦寿司加热后拌在米饭中便可做成的"寿司太郎"①；专门面

---

① 之前人们制作什锦寿司时需事先准备大量食材，非常麻烦。——译者注

101

向不用到公司上班，为了新商品开发而满世界跑的员工准备的麻婆粉丝。

但是，这些商品逐渐集中在以超市为中心的货架上销售，消费者也主要是主妇等年长者，对此深感危机的永谷园公司找到了我们 dof 公司，和我们一起探讨如何实现一个"新的永谷园"。永谷园公司的企业理念是"追求极致美味"，他们想在此基础上加上若干新的元素，于是，我们一起开始了新的项目。

"不怕冷小姐"生姜系列快餐杯汤的诞生

该项目当时的项目领导是一位 30 岁出头的女性员工。用她当时的话来说"自己进入公司以来，还没发现一件商品是为自己而开发的"，因此她想开发出 30 多岁女性最想买的商品。

在该项目启动时，当时担任创意总监的大岛征夫给出的关键点是"做自己坚信的事"，这个关键点成了项目进行过程中的旗帜。市面上以年轻女性为目标群体的消费品琳琅满目，其中还包括各种奇怪的减肥商品，在这样的背景下，永谷园公司应该开发什么样的新商品呢？以"追求极致美味"为理念并持续提供了美味且价格合理的商品的永谷园公司，想为了继续获得顾客的信任而开发出受顾客欢迎的新商品，并将新商品开发作为下一次挑战的依据。

经过对年轻女性进行意愿调查后发现，最让女性们烦恼的是"冷"，因此"不怕冷小姐"生姜系列快餐杯汤应运而生，而且销售渠道也改为新的流通渠道——便利店。因为该项目没有做广告的打算，所以采取了当时还很少见的方式，就是在便利店外挂上印有白色包装的生姜系列商品图案的旗子。这样做的目的是让作为目标消费群体的年轻女性看到商品后用 3 秒做出判断。这样的做法使她们对商品规格一目了然，而且命名方式还具有品牌推广的作用，这对"不怕冷小姐"生姜系列产品的热销也功不可没。

▶ **"不怕冷小姐"生姜系列快餐杯汤**

· 开展社团活动

生姜系列快餐杯汤成功上市后，永谷园公司又相继开发出同系列饮料，成功实现了销售额提高 250% 的商业目标。在此背景下，永谷园公司想趁热打铁，让消费者形成"生姜首选永谷园"的强烈印象。

当然，要让消费者形成这样的印象就需要大量的投资。永谷园公司非常清楚自己最该做的事情，所以我向他们建议，如果想做到让消费者产生"买生姜首选永谷园"的印象，就需要整个公司采取措施并实施。

措施之一就是建立实验农场。永谷园公司先在千叶县的山武市建了一个农场，让员工们到农场去一起种植生姜。种植后在车站前举办聚餐，让上至社长下至新入职员工都参加。

这种情形很像社团活动，所以我向他们提议"那么就成立一个生姜部吧"。因此，公司内部的横向组织"永谷园生姜部"就此诞生。生姜部的成员自己开发食谱、拍摄视频、写博客或出书等，进行了各种形式的宣传活动。此外，他们还积极推进新的商品化、广告宣传等各种活动。

▶ 生姜部的社团活动

生姜食谱

生姜部活跃了 10 年之后，目前已经停止活动了，它作为永谷园公司内部的一个跨越各部门的组织，对于永谷园公司来说具有巨大的价值。生姜部的工作从促销方案的商谈到机构成立等广泛范围都有所涉及。

如上所述，我们不仅要从商业的下游，还要从上游去思考，才有可能找到解决问题的最佳方案。

第三章

解决方案的具体步骤

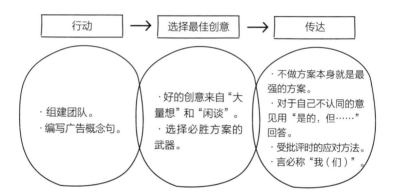

　　找到问题的本质并拟订方案后，接下来再思考真正的解决方案。最终还是由表现力创意的负责人将解决方案具体化，本章就如何决定解决方案，并在项目中实际推进的方法进行说明。

组
建
团
队

💡 组建表现力创意团队

确定问题的本质并提出了广告品牌标语、明确广告的目标群体且在某种程度上能够确定解决问题的方案之后，就进入了探讨"表现力创意"的阶段了。到了这个阶段，需要组建能够担当起这份工作的创意团队。

如前文所述，dof 公司中并无专职的文案人员及美术设计者。根据不同项目及面临的问题、解决方案以及客户的情况等，选择最适合的人进入项目团队。我们很少让文案人员或美术设计者、广告策划人员固定从事同一类型的项目。

💡 团队验证拟订方案，深挖可能性

组建好创意团队后，由他们负责找到问题的本质并提出解决方案，接着企划具体的创意。

　　我虽是创意团队的总监，但并非所有的工作都必须按我的思路做。团队成员有时会赞同我提出的方案，有时也会直言不讳地说"我觉得你的方案不好"并对此展开热烈讨论。我们通过讨论来探讨方案是否正确以及解决方案的力度有多大，同时提出其他方案并进行验证。通过讨论，对最初的拟订方案进行深挖并提出各种意见，微调方案，目的是能给客户提供可行性更强的方案。很多时候，通过这样的讨论，能使我们发现方案的不足之处并及时进行修改。

少人数制是基本原则

　　我们组建团队的原则是"少人数制"。人工智能语音翻译器Poketalk 和打车软件"GO"的广告碰巧是同一个团队承接的，其中都是由我任创意总监，冈部将彦负责广告策划和文案撰写，户田宏一郎负责美术设计。

　　可能有人会对这么少的团队成员感到惊讶，不过，我在大多数情况下都是坚持组建人数较少的团队，因为这样更容易推进工作。人数越少越容易明确责任，谁都无法逃避责任，而且所有事都必须亲力亲为。此外，少人数制还有助于成员之间相互信任，使决策更高效。

　　其实，我执行少人数制是借鉴了我在电通公司做销售工作时的经验。当时，我曾多次参与由很多成员组成的团队的工作。成员中有文案人员、美术设计者、广告策划人员等，还有他们背后的大老板们及手下的员工们，好似一个个分会各自为政。当时，我感觉到这样的团队结构无法明确责任所在。如果大家都认为这不是自己的职责，就不可能取得好的工作成果。因此，我现在一直坚持少人数制的原则。

💡 像社团成员一样的团队最理想

选择团队成员时要选能让大家在一起工作起到好的化学反应的成员，不要选没有主见只会唯命是从的人，而是要选择能活跃气氛、愿意与其他成员积极沟通交流的成员。只有这样才能提高拟订方案和最终解决方案的精准度。

接下来，我们还应该尽量组建一个快乐的团队。其实，在实际推进项目的过程中，团队内部经常出现意见相左或自己的意见被否定，从而引发争论的时候。因为每个人都有强烈的自尊心，都坚信自己的意见是正确的，都想守住自己的尊严，所以有争论也是正常的。有人认为"因为项目的事情引发争论也是难免的""都是为了工作，所以队友的态度不太好也没什么关系"，但我们的最终目标是综合不同的意见，靠全体成员的共同努力实现目标，因此应该组建一个能够快乐地进行探讨、交流的团队。在选择团队成员时这方面因素不可忽视。

我的目标是团队成员之间没有隔阂、干劲十足，工作起来就像在参加社团活动一样。所以，我经常会率先活跃气氛，或是在讨论之前经常说一些与项目无关的话题或闲聊来缓和气氛，我们经常从当下有趣的话题开始进行讨论。讨论开始之前，我们还会准备好吃的点心或便当等，尽量让大家在轻松愉快的氛围下进行交流。不过，最近因新冠病毒疫情的影响，大家面对面地进行交流的机会少了。

这不仅是我对自己团队的要求，对于广告客户我也会尽量营造轻松的交流氛围，让客户感觉到与 dof 公司一起工作真的很快乐。广告客户虽然是我们的客户，但我们同时也是战友关系，所以客户也希望能和我们愉快地合作。

💡 出去旅行和参加各种活动也很重要

不管是不是与项目相关，dof 公司都非常重视创意团队的活动。公司经常组织员工一起出去旅行，或者组织大家一起吃饭、喝酒，第二天再一起去爬山等。大家齐心合力同做一件事，具有非凡的意义。

不过，和同事一起出去旅行时，我可能不是一个受大家欢迎的人，因为有些人不太喜欢我或者嫌我麻烦，还有人认为我沉闷得让人难受。即便如此，我还是喜欢组织各种集体活动，因为如果没有团建活动，团队的凝聚力也不会强，结果可能会导致项目被分割成各自负责的几块。

正如畅销书《人类简史：从动物到上帝》（*Sapiens: A Brief History of Humankind*）中所写的一样，人类具有想象虚构的能力以及相信虚构的能力。所谓团队，最初就是虚构的东西。虽说是虚构的但还得特意集中在一起做同样的事情。虽然团队成员之间没有血缘关系，但是他们却能为了一个共同的目标而加强了彼此之间的契约关系，我认为这尤其重要。所以，即使有人嫌我麻烦，我还是强烈要求大家找个时间聚在一起做一件相同的事情，这是增强团队凝聚力的一个好方法。

编写广告
概念句

树立稳定的旗帜

组建团队后下一步应该做的就是确定广告概念句，即确定能代表项目方向性的口号。广告概念句也可以说是一个战略口号，根据不同情况，有时也可以在组建团队之前先确定广告概念句。

所谓广告概念句就是让人一听到就能明白项目的战略方向以及进行企划时该深挖的方向等，同时也是一个能体现目标群体、企业面临的问题及问题解决方案的口号。如果说品牌标语是用一句话来形容产品，概念句就是用一句话来表述项目。如果没有很好地理解和把握品牌标语和概念句，就很有可能导致最终的方案不能让目标群体感动，或导致最终方案不是最佳方案。

确定概念句后，团队成员才能对工作形成共识，可以避免在接下来的创意工作中出现无谓劳动，从而加快工作进程。换言之，概念句就像北极星一样，起到了明确目标，不让目标动摇的作用。

最理想的状态是团队成员之间就概念句达成共识后，再与客户共享概念句。一个团队在明确了项目方向、双方认可和接受的

▶ **概念句**

用一句话表述产品（服务）
‖
品牌标语

本项目的目标是
‖
概念句

前提下，在表现力创意的最终阶段即创造性跳跃（最终表达）时就不容易出现意见相左的情况，而是作为一个团结的团队朝着同一目标高效前进（虽然有点啰唆，但我还是想再次强调，为了能使团队进入这种状态，我们尽量不去参加无谓的竞标活动）。

💡 确立概念句的事例——打车软件"GO"

在推进出租车打车软件"GO"的推广项目时，我们在思考具体的解决方案之前，也是先从考虑客户的诉求以及创作概念句开始推进的。当时，日本有使用打车软件习惯的人的比例仅为2%。本来就有一部分人基本无须使用出租车，如果出租车费用不降下来，他们是不会考虑叫车并乘坐出租车的。而且，当时市面上还有其他的打车软件。这个项目就是在这样的背景下展开的。当时我认为，我们有必要从零开始重新整理现状，分析目标用户是谁、应该向他们发送什么样的信息等。

当时"GO"软件的优势是"拥有的出租车数量是全日本最多

115

的""车辆调度速度快"等。但是，仅凭这些因素无法最终影响消费者的选择，也无法引起消费者的共鸣。这些因素可能能体现出其与竞争对手相比的优势竞争力，但仅凭这点优势，我认为实在难以改变消费者的观念让他们开始使用打车软件。

因此，很有必要对打车软件的便利性及存在意义进行进一步的推广宣传。比如，即使多花费一些调度费，但可以享受到无须在路边等车，无须走到出租车乘车点，也无须打电话叫车，而只需打开软件便可以叫来出租车等便利性。也就是说，要先明确消费者的内在需求。如果能使这些要素显现出来，就能更清晰地把握消费者使用"GO"软件的具体理由了。

行李太多、绝对不能迟到、不能就近来接我、天气不好、太累了、喝醉了、身体不舒服……想象多种叫车时的场景，战略性的概念句就会慢慢浮现出来。人们使用打车软件的理由有：无须走到出租车乘车点、无须打电话叫车等，用一句话概括就是"人们一般是在不方便的时候才会使用软件叫车"。

在这样的背景下，我们想出了如下的概念句：为难时用 GO 吧!

▶ **从概念句到宣传语**

为难时用 GO 吧! ——→ 怎么走? 用 GO 叫车吧!

其实，这个概念句的诞生还有着鲜为人知的故事。在推进项目时，我们在谈笑间谈到了在油管网（YouTube）上的名人——演说家鸭头嘉人对出租车司机的一句评价："出租车司机都是英雄，因为他们总在我们需要帮助时出现在我们面前。"因此，我们才意识到，原来出租车司机是一份能给需要的人提供帮助的职业，而且仅在人们需要帮助时出现，助人脱困后又悄然离去。

鸭头嘉人的这句话给了我们很大的启示，即人们想乘坐出租车时确实都是在为难的时候。换言之，在人们感到为难的时候，也是打车软件最活跃的时候，因此，概念句"为难时用 GO 吧！"也应运而生，我们也因此明确了项目的"北极星"。

我们迅速将"为难时用 GO 吧！"这个概念句与客户共享，并委托广告策划员冈部将彦在此基础上丰富创意方案。经过多轮企划和讨论后，我们确定了由竹野内丰扮演公司领导，突出其在争抢出租车时的辛劳以及在大雨天里等不到出租车的狼狈模样的电视广告。这则广告的主要宣传语就是"怎么走？用 GO 叫车吧！"。

💡 不出现概念句

下面介绍"GO"软件之外的其他概念句的案例。

角瓶嗨棒——角瓶嗨棒，献给新晋大叔们！

永谷园——做自己坚信的事！

上述概念句与产品名和宣传语不同，它虽然不出现在广告里，但作为项目推进时的主旨即北极星的概念句，在项目推进及解决问题时必不可少。因为已在广告客户和创意团队的所有成员之间形成共识了，所以可避免在之后的推进过程中让成员再动摇，也可使全体成员齐心协力朝着同样的目标努力。

如前文所述，在组建团队之前，我们还有必须思考和明确的事情，或者在确定品牌标语之前还有必须要先确定的事情。也就是说，在思考具体的表现力创意之前，我们必须先创作和确定概念句。

好的创意
源自创意的
数量和闲聊

💡 创意团队的职责分工

组建创意团队后，先拟订方案，并在确定宣传语和概念句之后，进入讨论解决方案的环节。

担任创意总监时，我在企划会上基本不会提出具体解决方案的思路，我会等到方向明确以及解决方案初露端倪之后，才会提出自己的思路。接着，把它们交给具备表现力创意能力的专业人士继续深挖方案的可能性。在文案人员对关键词及表述等进行打磨之后，由广告策划人员对该表述或拟订方案想象出广告所描绘的场景，再由美术设计者创作出让人一看就能理解画面意思的图画。这样做既有利于明确每个人的职责所在，又可以避免出现让像我这样不具备表现力创意能力的人去进行表现力创意工作的情况。

在人工智能语音翻译器 Poketalk 的推广项目中，我们先确定了"项目的最终目标是让 Poketalk 成为一个动词并被广泛使用"的方向后才开始推进项目。就如现在一提到搜索人们就会想起

"百度"（动词）一样，我们的目标是通过提供人工智能语音翻译器 Poketalk，让 Poketalk 这个词也能像"百度"一样被人们当作动词用。在关于如何将人工智能语音翻译器上市作为一个大事件进行广而告之的讨论中，我们产生了将 Poketalk 作为动词用的想法。

但是，即使 Poketalk 成了动词，这个词到底是什么意思确实不太容易理解。因此，我们想出了将之与"世界"联系起来的广告词——"与世界一起 Poketalk 吧"，由此，我们赋予这个词这样的意思："和世界上说着不同语言的人们进行交流。"

接下来就是广告策划人员的工作了。他们想出了搞笑艺人明石家秋刀鱼在海外购物时通过 Poketalk 与外国人愉快交流的广告情节。接下来又由美术设计者通过画笔突出明石家秋刀鱼与世界各地的人们愉快聊天交流的场景。

💡 质量是从数量中获得的

如上所述，开始时我们先提出拟订方案及大致方向，接下来再由创意成员主导思考各种创意。他们想出的方案其实远超我们的想象。以 Poketalk 项目为例，他们很轻松地就想出了 100 个方案。接着，他们就提出的方案与广告策划人员一起进行多轮讨论，"这个方案传达了这样的信息""这个地方应该进行这样的补充""此处能否这样改呢"等，就这样通过多次探讨，提高了解决方案的精准度。

即使刚开始时被大家认为是非常好的解决方案，那也只是方案之一而已，并未到下结论的时候。比如，我们在进行角瓶嗨棒的电视广告项目时，由于要设计系列广告，因此设定了"名演员井川遥在店里"的前提条件（详情请见后文），这次虽然提出的方案没到 100 个，但是团队成员每次至少要对广告策划人员提出的几十个方案进行探讨。即使已经决定采用"角瓶嗨棒和炸鸡块更配"的文案，我们也要在此设定条件上继续考虑几十个方案。

顺便提一句，虽然最后只拍了几则电视广告，但是对于每个广告，文案人员至少提出了 200 个以上的文案。可能有人会问"有必要做那么多文案吗"，我认为思考得越多越可能找到最佳文案。具备丰富经验和实战经验的专业人士都这么努力，其他人不比他们更加努力是无法超越他们的（虽然要超越专业人士确实不易）。

💡 请光明正大地闲聊

召开创意交流会时，除了提案的数量，我还非常注重大家的闲聊。

创意交流会时的闲聊非常重要，最初一般是从活跃气氛的闲聊开始，经常话题会扩展得漫无边际。我发现，负责搞笑创意的创意者们非常喜欢闲聊，说话也很有意思，他们经常说出比综艺节目还有意思的话。

闲聊的内容是大家从鸟眼、虫眼和鱼眼等各个角度所看到的。一群有趣的人聚在一起交流"最近流行什么""最近有什么有意思的信息吗"等非常重要。

"最近迷上了韩剧。"

"我曾发誓绝不看《爱的迫降》①，没想到不经意看了几眼就停不下来了。"

"《鱿鱼游戏》②虽然有点残酷，但我还是一口气看完了。"

我们经常从闲聊开始，后来转到"为什么能流行起来呢""现在的人们最愿意接受什么方面的信息呢"等话题，并将这些流行元素融入企划中。我认为闲聊并非是浪费时间，所以为了能够激发创意想象力，大家不妨光明正大地进行闲聊。

---

① 韩国电视剧，由玄彬、孙艺珍等主演。——编者注
② 韩国惊悚悬疑主题的电视剧。——编者注

选择必胜
方案的武器

 采纳的勇气和舍弃的勇气

实际提出解决方案的是表现力创意团队中的文案人员、广告策划人员及美术设计者等人，而负责商业创意的创意总监需对这些方案进行取舍。此时，创意总监需要具备两种勇气，即采纳的勇气和舍弃的勇气。他们需要从创意者们提出的 100 个方案中甄别出"这个方案好""这个方案不行"等，有时还会全部否定创意者们的方案。

如前文所述，我组建的创意团队基本都是少人数制的，但有时也需要组建人多一些的团队。因此，我也会鉴于一些不得已的理由而将完全不行的方案保留下来，但结果证实这样的做法行不通。

过去，我曾作为外部人员参与某广告代理商的项目，与该代理商的创意团队一起参与企划工作。参与该项目的文案人员、广告策划人员和美术设计者都是该代理商的员工。根据项目目标和拟订方案，并在此基础上召开会议，以提高解决方案的精准度及趣味性。我还是和以往一样对提交上来的企划案直言不讳地表达个人意见："这个方案的这里很好，这个地方不行。""请对这个方案和那个方案再进一步打磨，下次会议再讨论吧。"

会后，该代理商的创意总监对我说："今天会上，A（年轻职员）的方案没被采纳，你能不能想办法让他的方案通过呢？"细问之下，创意总监这么做的原因是不想打击这位职员的工作积极性，而且如果对这位职员过于严苛还有可能会让他辞职。说实话，听到这样的解释，我非常吃惊。我身边的大岛征夫对他所率领的团队的严苛程度可远不止于此。那些优秀的创意者们参加企划会时，不管自己的方案能否被采用，大家都是战战兢兢的。但是只要是在企划会上被采纳的方案，方案的质量绝对是有保障的。

这时，创意总监绝对不能输给任何使绊子的人或接受任何看似不得已的理由，必须拥有独立判断后采纳的勇气和舍弃的勇气。

💡 紧握绝对评价的标杆

创意总监要拥有能当场判断并敢于对不合格的方案说"不"的勇气，不这样做，最终会给团队成员带来困扰。另外，创意总监还必须拥有绝对评价的意识。

人们喜欢进行相对评价。比如，本来不想将就，只想吃到美味的料理，但结果还是在摆在眼前的菜单中选了一道不太想吃的菜。

在决定是否采纳方案时，最重要的标准是"这个解决方案是否满足了客户要求的质量标准"，因此，创意总监切忌不可从不尽如人意的方案中选出一个相对较好的，这对创意总监的把关意识和眼光是个考验。相反，如果看到非常好的方案时，创意总监也可以做出"很完美，无须修改"的判断。同时，也切记不可有"方案不错，但如果自己不说点什么则不太好"这样的想法而强行插话。

创意总监只要自己手持评价标杆，只让满足了评价标准的方案通过，而对不满足标准的方案说"不"即可。虽然不容易做到，但对创意总监来说，手持这个标杆进行判断非常重要。

▶ **紧握绝对评价的标杆**

顺便提一句，如果广告客户也手持这样的一根标杆，那么项目的进展会更加顺利。举例来说，我们的广告客户三得利公司手中其实时时都手持这样一根明确的标杆，这是他们值得称赞的地

方。创意总监的心中要时刻拥有明确的标准，在听完项目说明后就可以当场做出判断，从中选择较好的方案并进入下一阶段工作。

相反，没有绝对评价标杆的公司即使做了项目说明，可能一切看起来都很好，总让人想说点什么，但又觉得自己没法决定，这种情况下宣传推广是很难成功的。

比起只做提案的我们来说，其实做最终决定的广告客户更难。从很多方案中挑出一个并确定这是必胜的方案确实不容易。但是，如果克服不了这个难关，就不可能拨云见日，取得成功。因此，我们手中必须时时握有绝对评价的标杆。

不做项目说
明就是最强
的说明

💡 不是说服对方而是让对方产生共鸣

在项目推进的过程中，常规做法是找到好的解决方案后将其提交给广告客户，此时必须注意的是，提交的方案必须是在与客户产生共鸣的基础上得来的，而不是去说服客户，对自己公司的上司或上层管理部门也一样，与对方面对面讨论时不要试着反驳对方，就如《北风与太阳》故事中的北风一样，将自己的想法强加于对方，这样做结果往往会适得其反。尽量避免与对方正面冲突的同时，我们可以在对方耳边、旁边、身后轻声与对方交流，尽量站在对方的立场上理解对方，这非常重要。

💡 做项目说明时也可以换位思考

做项目说明时，我们站在对方的立场上去制作和思考很重要。前文提到的换位思考是从目标消费者的立场上说的，这对于自己的上司也同样有效。如果能站在他们的立场上思考问题，自然也就明白应该怎么制作项目资料了。

这也适用于前文所述的"法人的人格",个人、企业等的性格也是各种各样的。例如,有的公司项目说明没做好,有的公司不习惯于创意沟通,有的公司则非常重视数字的堆砌或逻辑,还有坚持致力于进行市场推广的公司。所以,过分致力于磨炼项目说明的技术我认为并没什么意义,因为不管如何磨炼这方面的能力,由于对方的性格多种多样,所以我们不可能通过同一方法打动所有人。

了解对方的情况后进行换位思考,在很好了解对方的想法和判断标准后再去进行广告设想,才不会浪费时间,从而顺利进入下一步骤。

💡 最理想的状态是"不知不觉间就确定了"

dof 公司最擅长的就是提供既不像广告企划,也不像广告的提案。我们一般从确定了目标受众群体和口号时就开始与广告客户会面,在与客户多次交流的过程中,不知不觉间就确定了企划方案和实施方式。这是非常理想的状态,也可以说是"以讨论推动广告企划"。

这绝不是我们不重视广告企划,也不是想蒙混过关。这种做法的好处是能让客户感觉到最后的决定是他们自己做的。与客户商量后再确定方案,更容易让客户理解和接受提案。而且,他们也不会有"我采纳了某人提出的方案"的感觉。

如前所述，我提出了"在讨论或商量的过程中方案就确定了"，因为只有让广告客户也有参与者的意识，计划才能更顺利地开展下去。而且，在我们实施下一个具体方案时，就可以和客户说"关于之前交流过的方案，我们又深入挖掘了一下""我们在综合了贵方反馈意见的基础上，又想了几个方案"，在这样互相理解程度日渐加深的状态下，可以更有效地推进和实施企划。

通过上述流程去寻找解决方案及相关创意，还可以让对方喜欢上我们的创意方案——"原来经过上次探讨后，现在变成这样的方案了。"因此，我们应尽量做到在讨论后再进行广告策划。

对于自己不
认同的意见
用『是的，
但是……』
回答

💡 先听取对方的意见

在讨论或进行方案说明时，我们难免会受到客户的指责或收到反对意见。每个人都有自己的想法，所以出现这样的情况很正常。

对于对方的指责或反对意见，如果当场能理解和接受当然是最好的，但如果你无法当场理解和接受对方的意见，或是一眼就能看出对方的意见完全偏离了广告的目的时，不要当场就一口回绝。对于这样的情况，我一般会用"是的，但是……"来回答对方。我会看着对方的眼睛，听他说完后回答说："原来是这样呀。"先接受对方的意见，并在此基础上提出自己的意见。

在自己认为正确的情况下提出的意见如果没被对方接受或立刻遭到否定，谁都会产生一种"他们不愿接受我的意见"的负面情绪。一旦这样，接下来可能就不再是纯粹的探讨，而是被带入某种个人情感的争论中了。

为了避免这样的情况，首先要让对方感觉到"他们在认真倾听我的意见""我的建议他们听进去了"等，这会给对方一种安全感——"这个人能听得进别人的不同意见"。当然，我的意思并不是要对对方的意见无条件全盘接受，而是要把对方引导到自己的思路中，但是在此之前也应该好好倾听对方的意见。

💡 驳倒对方对谁都没好处

我们的目的是帮助客户解决商业问题，并将客户引导到解决问题的正确方向上。因此，完全没有必要去说服或者驳倒对方，在相互沟通时也无须事事必分出胜负，因为在语言上争出个胜负高低完全没有意义。

其实，回顾争论辩驳的过程，多数情况下辩驳之后往往会适得其反。例如，当你反驳对方说"不，绝不是你说的那样"时，对于和自己提出的意见完全对立的意见，是谁都不会立刻把"刀"撤回并说"是，我明白了"。反之，对于强烈主张"白色最好"的人，你很难说服他"黑色绝对比白色更好"。此时，你可以试着说："是吗？您喜欢白色呀，但我觉得如果仅仅是白色的话感觉单调了点，要不我们试着加入些其他颜色您看怎么样，这样可能给人的印象更深呢？"总之，你要通过循循善诱，将对方引导到能够心平气和地理解和接受你的建议，而不是停留在争论阶段而使沟通停滞不前。

虽然我也认同坦率地说出自己的意见非常重要，但这并不意味着只要简单粗暴地将自己的想法传达给对方就好。向对方表达自己的想法或想改变对方的心态时应该按照一定的顺序或时间轴去做。沟通确实是一件不容易的事。

被批评时的
应对办法

💡 任何意见都不应被忽视

创意团队花费了大量时间才想出的提案，经常会被广告客户在各种细节方面指责。有时，对于过分拘泥于商业创意和表现力创意两方面的表达，创意团队经常受到他人不得要领的指责。面对这样的指责，我们需要非常耐心地应对，但这并非一件易事。因为在那时，谁也不确定正确的答案是什么。而且，广告客户还肩负着促使事业成功的责任以及投资方面的压力。

我从来不认为客户不会对我们的方案说三道四，相反，我希望能听到他们的想法和感受。听取他们的意见后再次思考和反思自己的方案，大多数情况下都能做出更好的方案。最理想的状态是广告客户和我们结成同一团队，联合解决问题。

💡 听取客户意见时的注意事项

但是，对于广告客户的意见也没必要全部接受。如本书第一章所述，有时客户的指责也可能是错误的。要判断他们是真心的建议还是只是随口说说，重要的是要确定客户为什么会提出这样的意见。另外，当我们被指责时，必须要寻根问底地找到问题的根源。因为如果事先已充分征询过各方意见后才确定的解决方案，且在品牌口号及概念句方面双方已经达成共识的话，就不应该在最后的创意输出阶段还存在那么大的分歧。

话虽如此，但如果我们确实被客户指责了，说明双方在认知方面存在偏差，这时我们不应因为被客户指责就轻易改变，应该彻底分析到底在哪个环节出了问题，究竟是在问题的分析阶段，还是在设定目标人群或拟订方案时出现了问题，否则可能导致解决方案根本无法解决真正的问题。

必须表达
「我」的
意见

💡 结果出来之前没有正确答案

如前所述，在广告策划阶段谁都不知道正确答案是什么。当然，每个人都相信自己的方案是正确的，所以才进行了提案，但是在结果出来之前，所有的提案都只是个拟订的方案而已。不管你收集了多少资料，进行过多少次论证，你也不能保证自己的方案 100% 就是正确的。所以，在广告客户或团队成员提出不同意见时，其他人也没有绝对的自信能驳倒对方。此时，最应该相信的是自己，即使所有人都反对，你也要相信自己的直觉，问自己将产品推向社会时应该怎么做、如果自己是经营者的话应该怎么做等。

推进项目时，我们会收到很多的信息和意见，如"对于这个问题一般人是这么看的""有一部分人是这么说的""数据是这么显示的"等。当然，对于这些信息和意见，我们必须要认真倾听，但是没有必要事事听从，而是应该想出一个折中的方案。创意总监要时常记住"推进项目的过程中要处理很多事情，但是做最终判断的是自己"。

不管社会有多美好，如果不能展示出自己的特色或不能按自己的想法和看法去发挥的话，那么让自己来做这个项目就没有意义了，还不如交给没有感情的人工智能（AI）去完成。

当然，自己的意见不可能最后都被通过，但重要的是一定要相信自己。因此，我们一定要坚持自己的想法。

💡 做正确的事

我就经常坚持做正确的事。只要是与我相关的所有事情，我都想使其朝着让世界变得更美好的方向发展。广告中也可以含有表现消极的内容，但我更愿意做有积极意义的广告，我想做到让人们认为"这广告真好"。

我希望广告能进入人们的日常生活中，尤其是电视广告。没有任何人是想看电视广告才打开电视的，我不想让广告成为打扰观众的一种存在，所以我尽量用心让广告能够成为给观众的一份礼物。说实话，对观众来说，广告会打扰到他们，所以我想让观众觉得广告是一种娱乐形式，让他们觉得这广告真不错。也就是说，我们在用心做广告。

我就是这样一边提醒和告诫自己，一边满怀期待地去推进每天的项目。

专栏 | 关注使命、蓝图、价值观的理由

· 再评企业成长的引擎

最近，找我们"策划MVV（企业使命、蓝图、价值观）"的客户越来越多。使命就是指企业存在的意义或应负的社会使命，蓝图是企业的理想抱负，价值观是企业员工的行为指南。近几年，想在股东大会上强调MVV的经营者越来越多。另外，体现企业或品牌的目的和存在意义的"品牌承诺"（brand purpose）一词开始广受人们关注。原因是什么呢？

在很早之前日本的市场就基本停滞了，之前那种理所当然处于上升趋势的市场状况也不复再现，不管企业如何努力，市场仍处于停滞状态。从投资的角度来考虑，确实没招了，停滞不前就是"恶"，即企业必须以某种方式持续成长。我曾这么认为，只要企业员工及其家属感到满足，企业的产品也受到消费者的喜爱，即使停滞不前也没什么不好。但是，这在资本投资的市场评价及成绩册等方面是不允许的。

在过去持续成长的时代，即使无须强调MVV，企业也可能能顺利成长。但在现在这样停滞的时代背景下，企业如果想持续成长，就更有必要将企业的使命、目标及工作方式等以简洁明了的MVV体现出来。

只要员工朝着同一个目标努力，企业就会成为一个有价值的企业体，就能生产出有价值的产品。如果将使命、蓝图、价值观等通过简洁明了的语言来体现，就能使员工达成共识并将之变为可能。

· 没有 MVV 的地方就没有凝聚力

MVV 受到重视的另一个原因是，当下员工跳槽已成了常态，而员工认为自己的工作环境过于严酷是跳槽的主因之一。

企业的目标到底是什么？自己的企业能为社会做何贡献？现在连年轻人对此都有很深的认识。将来的社会会变成什么样大家都说不清楚，但是在判断是否应该到某企业工作时，他们理所当然地会关注其经营者及体现其经营理念和行为指南的 MVV。"因为能挣到钱所以才做这份工作"已经无法满足人们的追求了，而且，这样也无法使企业得到持续成长，或者企业的成长空间会十分有限。

以软银集团和优衣库为例可能更容易理解。软银集团的"在信息革命中让人得到幸福"和优衣库的"改变服装、改变常识、改变世界"的理念已经广为人知。这两家企业在长年的经营活动中，将这种理念放在非常重要的位置，而这两家企业现在已经成长为国际大企业了。在它们成长为国际大企业的过程中，语言的作用功不可没。语言使员工明确了"我们到底是在什么思想的指引下聚在一起工作的"，这一点非常重要。

在消费市场上，比起"原来还有这样方便的产品""真划算"，越来越多的消费者更关注"原来这家企业的理念是这样的"。具有坚定不移理念的企业更易受到消费者的支持。消费者还关注企业是如何与社会产生联系的，由此扩大到关注企业如何激励员工、企业在这个社会的存在意义等。

现在，有一部分员工抱着"在这家公司工作有自豪感""为了实现自己的梦想"而进行择业的想法。

过去，确实有不少人是为了钱工作的，但在现在物资丰富的时代，有一部分人已经不再单纯是为了钱工作了。现在年轻一代人的思想已经和我们当年不一样了。比起高收入，他们更愿意为了让社会变得更美好而工作。他们经常会问"你们到底是为了使社会变成什么样而努力工作的呢"，所以他们是不会选择到连这个问题都弄不明白的企业去工作的。

随着时代的发展，人们对于时间的观念也发生了变化，而且开始重视陪伴家人及丰富个人生活。认为不管挣了多少钱，如果没时间花，那挣钱也就没有意义的人越来越多了。他们更愿意把注意力放在工作的意义或者为了社会而工作、为了更多人而工作等方面。

所以，企业经营者必须对企业的存在意义及核心价值等进行进一步提炼，这是将来的企业所不可或缺的，也是创意派上用场的时候。

▶ dof 公司经手策划的公司名称和 MVV 事例

美好今天 (Finetoday)
资生堂（帮助策划公司名称和使命）

看，能改变世界
日本电视台
日本电视放送网株式会社（帮助策划公司口号"Nippon Television"）

让一瞬间、
一生
都美丽
资生堂（帮助策划公司口号）

MP 厨房（帮助策划公司名称和使命）

　　前文我从如何找到问题的本质到拟订方案，以及如何找到解决方案等方面做了大致说明，下面我想通过实例来说明我们是如何推进广告创意项目的，以最能代表我们 dof 公司创意能力的三得利角瓶嗨棒的促销方案为例进行说明。

专栏 | 案例分析：角瓶嗨棒畅销的秘密

· 威士忌的寒冬时代

·25 年的销量上升和 25 年的销量下滑

三得利角瓶嗨棒的促销活动始于 2008 年，当时几乎没什么人愿意喝威士忌。而且，刚开始几乎没人知道"角瓶嗨棒"这个名字，因为角瓶嗨棒是由威士忌兑苏打水调制而成的鸡尾酒，然而当时已经没什么人喝威士忌了。

从威士忌的销量变化表可看出，在日本经济高度发展的时期，威士忌的销量逐年增加，持续增长了 25 年。

当时，从某种程度上说，喝威士忌是一种富贵的象征。能在银座的酒吧里寄存一瓶三得利威士忌品牌代表之一的三得利老牌（SUNTORY OLD）是很多人的梦想。

但是，经过 1983 年的销量高峰后，日本威士忌市场开始出现下滑现象。原因是酒税改革威士忌被迫提价以及人们逐渐养成饮用气泡酒、烧酒及葡萄酒等其他酒类的消费习惯。此后，威士忌一路高歌的状况完全改变了，威士忌迎来了销量的寒冬，而且销量连续 25 年下降。

▶ **威士忌消费量变化表**

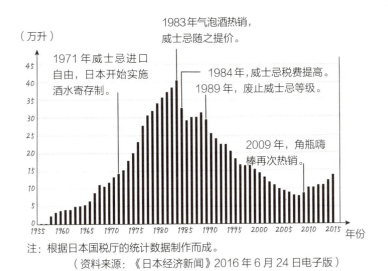

注：根据日本国税厅的统计数据制作而成。

（资料来源：《日本经济新闻》2016 年 6 月 24 日电子版）

·威士忌是专给大叔喝的

在威士忌销量低迷的 2008 年，人们认为威士忌并不是年轻人应该喝的酒。当时仅占全体消费者 2 成左右的 50~60 岁的中年人成了威士忌消费的主力军，其消费量占了威士忌总销量的 80% 左右。

当时的威士忌广告都是以年长者为目标群体的系列广告。由著名演员原田芳雄出演的"四角瓶威士忌"系列广告就是其中之一。当时的广告宣传语是"威士忌我喝了 70 年了"，目标消费群体是和年近 70 岁的原田芳雄的同龄人，广告表现的是像原田芳雄这样的人就应该喝威士忌。请注意，这并非是昭和时代（1926 年至 1989 年）的广告，而是平成时代 2008 年的广告。

·聘请演员小雪[①]，一扫雷曼危机后的销售停滞状态

当时，本来就是威士忌销售的寒冬时代，2008 年发生的雷曼危机的打击更让威士忌的销量雪上加霜。通常，大家大都是去酒吧、俱乐部或日式酒吧等二次会才会去的地方喝威士忌，而不会在一次会时就点威士忌喝。

因雷曼危机带来的经济不景气，使人们去二次会的机会越来越少，这预示着人们喝威士忌的机会几乎为零。但是，当时角瓶威士忌的销量并没有大幅下滑，这得益于其广告促销取得了成功，也就是"表现力创意"的功劳。当时，我们聘请了演员小雪为角瓶威士忌代言并拍了电视广告。那时小雪因刚参与出演汤姆·克鲁斯（Tom Cruise）主演的好莱坞影片《最后的武士》（*The Last Samurai: Bushidou*）而广为人知。在该电影热映后，小雪的形象和知名度也水涨船高，成了代表日本的人气女演员。

我们当时的提案不是角瓶嗨棒，而是在威士忌里加冰块的"on the rock"（加冰）。当时的广告宣传语是"我是冰块，你是威士忌"。

那时，年轻女性出现在威士忌广告中的广告非常罕见，小雪在广告中登场后，三得利公司在日本全国各地的门店突然变得门庭若市，让人们意识到了"角瓶嗨棒很有市场"。这次的促销活动使连续 25 年销量下滑的威士忌的销量开始上升。

---

① 原名加藤小雪，日本女演员、模特。——译者注

▶ **小雪代言的角瓶"on the rock"广告**

我是冰块，
你是威士忌。

三得利
角

·**"角瓶嗨棒"项目启动**

·三得利公司的委托

在经济不景气的背景下诞生了新业态——无座位居酒屋。三得利公司的广告负责人敏锐捕捉到了"年轻的上班族用威士忌兑苏打水喝"这样的信息。

无座位居酒屋是上班族在下班路上进去小酌两杯然后回家的新业态。当时，一杯扎啤的平均价格是 480 日元，而一杯威士忌兑苏打水的价格是 380 日元。之前没有喝威士忌习惯的人，在无座位居酒屋中感受到了价格的诱惑，开始尝试喝威士忌。当时还是 30 岁出头的我也深有同感，对于还不习惯威士忌味道的年轻人来说，兑苏打水后就好入口多了。

在小雪代言的广告大获成功以及威士忌兑苏打水的饮用习惯流行的助推下，三得利公司找到了我们："请帮我们策划一个角瓶威士忌兑苏打水的促销活动吧！"

我先整理一下当时三得利公司面临的问题和寻求我们帮助的主要内容如下：

· 威士忌的销量连年下滑；

· 只有 50 岁以上的年长者愿意喝威士忌；

· 雷曼危机后，之前威士忌的消费者群体也不再消费了；

· 三得利公司想改变这样的局面。

另外，三得利公司给我们提供了如下信息：

· 无座位居酒屋中，年轻人用威士忌兑苏打水喝；

· 理由之一是威士忌兑苏打水的价格比扎啤便宜，理由之二是威士忌兑苏打水的口感比兑水更好。

· 目标消费人群是 35 岁的"我"

担任创意总监的大岛征夫当时就拒绝了这个委托。以前作为电通公司的职员时，大岛征夫喜欢下班后到银座喝两杯，是个地地道道的威士忌发烧友。而且，从 20 多年前起，他就开始从事三得利威士忌的推广工作了。

正是因为了解各种实情，大岛征夫才拒绝了威士忌兑苏打水的促销活动的委托。而且，20 年来，他已经接到了三次同样的委托了。之前，因进展不顺利，项目半途而废了，所以这次大岛征夫认为与其再次半途而废还不如不做。但是，三得利公司还是再三委托他，大岛征夫最后只能勉强答应了。当时他指着坐在旁边的我说："既然是想以年轻人为目标，那就做一个能让这家伙及其同龄人成为消费主力的推广活动吧。"

当年我35岁，我们要做的方案的目标群体不是五六十岁的年长者，而是让30多岁的年轻人主动消费威士忌的推广活动。

听到这样的目标设定时，我的直觉是这方案可行。因为当时的我就是这样喝的，虽然被年长者说喝法不对，但是威士忌兑苏打水的喝法已经被人们广为接受了。在此背景下，接受三得利公司的委托时我就跃跃欲试了。

·畅想未来、拟订方案

我们想用来推广的名称是"嗨棒"而不是"兑苏打水"。因为在20世纪60年代，名为"嗨棒"的威士忌兑苏打水的饮用方法曾一度流行过，但当时只是一种用廉价酒兑苏打水的酒文化。对于了解这段历史的年长者来说，"嗨棒"意味着廉价酒，但我们想将这个被尘封许久的称呼变为吸引年轻消费者的新代名词。

于是，我们开始了面向与35岁的我同龄的消费者群体推广角瓶嗨棒的促销活动。

"将来最美好的愿景是什么？""客人怎么饮用威士忌能让我们感到高兴呢？"我们进行了各种想象并尽量让画面变得更加逼真。

人们的点酒习惯由"先来一杯啤酒"变成了"先来一杯角瓶嗨棒"。威士忌不再是二次会才点的酒或是餐后酒，而是成为一次会就点的酒及餐中酒。今后会有更多的露天角瓶嗨棒店（Highball garden）出现，而不是露天啤酒店（beer garden）。

但上述想象能否成真呢？用苏打水兑威士忌，不仅能中和味烈的威士忌使其口感变柔和，还能烘托出威士忌独特的香味，而且人们更容易一口喝下。像这样喝一口就能让人上瘾，价格比啤酒还便宜的"嗨棒"应该能受到年轻人的喜爱。

不管怎么说，兑了苏打水的威士忌可以让消费者将其作为餐中酒享受。这样一来，威士忌就不再是二次会时才喝的酒了，而是成为一次会的酒水备选项或作为餐中酒被人们享用。

面向30多岁年轻人的"威士忌兑苏打水 = 角瓶嗨棒"的新饮法，这就是我们和三得利公司策划出的推广战略。

· 确定概念句

在这个战略下，大岛征夫想出了作为全体项目成员旗帜的广告概念句："角瓶嗨棒，献给新晋大叔们！"

这句话我们只在内部使用并没有外传，所以大家可能是第一次看到这句话。因为我们的目标消费者群体是30多岁的上班族，我们将这个群体的年轻人称为"新晋大叔"，是因为在这个特殊的时代，这个年纪包含了特殊意义。

这个年纪的人，如果是公司职员，应该是位居科长[①]之下，有10年左右的工作经验，工作上基本能独当一面了，他们已经能

① 一般来说，在日本企业，升到科长职位需要至少10年。——编者注

理解工作的乐趣。他们在职场内有后辈，可能还有下属，有时他们也羡慕比自己职位稍高的前辈，向往能参加前辈们打高尔夫、麻将还有泡桑拿等所谓的"成年人的世界"的活动。虽然还不能称他们为"大叔"，但也不能称其为年轻人了。换句话说就是，他们是一群老幼不靠的处在特殊年龄段的"新晋大叔"。

我们打算向这些"新晋大叔"展示"成年人的世界"中稍带高贵感的威士忌的新喝法。和烧酒或啤酒相比，威士忌的制造周期更长，更能让人感受到时间和时光的流逝，因此我们将喝威士忌称为进入"琥珀的世界"。也就是说，威士忌具有成年人的感觉。

人到30多岁后，会慢慢开始憧憬和感受追求更好的东西和生活方式。这句广告概念句中，就包含了将稍带高贵感的角瓶嗨棒献给追求美好的"新晋大叔"之意。

·从上游思考

接下来，我们思考的是如何才能让目标消费群体的新晋大叔们尝试喝新的角瓶嗨棒。当时的情形和现在一样，没有事先调制好的罐装角瓶嗨棒卖，连居酒屋和饭店里也还没有，所以我们有必要先将角瓶嗨棒的新饮用方法向顾客及商家推广。

针对这种情况，我们最初想出的宣传语是"本店开始提供嗨棒了"。这句宣传语源于我们讨论时不知是谁不经意说出的一句话。换季时，有些店家会在店门口贴出"本店开始提供刨冰""本店开始提供中华冷面"等通知。同样地，我们的目的是想让还未了解嗨棒以及嗨棒新喝法的人了解角瓶嗨棒。

▶ 角瓶嗨棒的宣传语

我们故意把宣传语设置成"本店开始提供嗨棒了"而不是"角瓶嗨棒",故意去掉了"角瓶"也是有深意的。因为我们认为现在在品牌名称中生硬地加入"角瓶"并让客人记住有点为时过早,而且可以避免让消费者认为企业在市场推广时抱有自我主义。我们的目的是先让消费者试饮并熟悉嗨棒的新喝法。

从上游思考问题,我们发现,比起只顾自己方便,先向消费者推广嗨棒这种威士忌的新饮用方法更加有用。

· 切忌过于跳跃

进行推广活动后,我们决意"绝不做和当时畅销的啤酒或烧酒同样的广告"。因为威士忌有威士忌的世界观,我们想将其和啤酒、烧酒等具有休闲特性的酒品划清界限。

如果让威士忌变得让人特别容易亲近，这样的想法过于跳跃，而且还容易与啤酒和烧酒同质化。我们必须在保留威士忌特有的"琥珀色的世界"特色的同时，让消费者了解威士忌的品牌。威士忌和其他酒类不同，其特别之处在于制造时更加花费时间，所以必须让消费者感受到威士忌散发出来的成熟的气息。

简言之，我们不做"啤酒式的沟通"，而是做有威士忌特色的"琥珀色的沟通"，并将之真真切切地展示给消费者。我们要做的就是将"琥珀色的世界"所具有的特色放大给消费者欣赏和享用。

幸运的是，创意总监大岛征夫本身就是一个威士忌的活字典，如果让一个完全不了解威士忌的门外汉来引领这个项目，很有可能会走向完全休闲的软饮料世界或啤酒的世界，这样一来，威士忌就和其他酒类完全无异了。

· 表现力创意

在"角瓶嗨棒，献给新晋大叔们！"这句概念句的基础上，我们想了很多表现力创意的方案。限于篇幅，在此就不一一介绍了，下面仅介绍其中几例。

例如，我们想的其中一个方案是"夜晚从角瓶嗨棒开始"，这样写的一个目的是，让人们在干杯时将默认的"先干一杯啤酒吧"的习惯改为"先干一杯角瓶嗨棒吧"。另一个目的是，在经济不景气的背景下很多人已不再参加二次会了，所以我们想向他们强调"威士忌也可以在第一家店喝"。

　　此外，我们还想强调嗨棒可作为餐中酒饮用。日本人特别喜爱在晚饭时喝上两杯，因此在日本，酒类的消费几乎都是在就餐时发生的。于是，我们设计了这样的广告场景：接受新晋大叔们的点餐后，小雪在吧台后面烹炸食品，油炸的声音可以勾起观众的食欲。再配以吧台上摆放的家常菜和挂在吧台后的平底锅，在美术设计的阶段，我们一直执着于这样的场景，为的是突出威士忌可以作为餐中酒饮用，也就是想让消费者在点菜时顺便点一杯嗨棒。

　　当然，我们也执着于如何才能让广告的主角——嗨棒看起来更好喝，所以我们采用了在广告行业被称为"咝咝"（sizzle）的手法。所谓"咝咝"是指油炸食物或烤肉时发出的声音，后来被引申为为了勾起观众的食欲和购买欲的手法的一个业界专有词语。

　　虽然"咝咝"本来用于形容油炸食物的声音，但我们刻意强调出了倒酒时嗨棒发出"咝咝"声的小泡泡的画面，我们称之为"嗨棒咝咝"。

　　在制作嗨棒的电视广告时，我们决定做一个和以往的威士忌广告不同的新的刺激因素——"咝咝"的夸张画面。如果用声音来比喻，以前往威士忌里加冰块时的"咝咝"声为"咔嚓，咕咚咕咚咕咚"，而我们想将嗨棒的"咝咝"声强调为"咔嚓，咕咚咕咚，咝咝咝咝……"。为了突出这个"咝咝"声，我们反复观看了世界上各种碳酸饮料和清凉饮料的电视广告，研究能够勾起消费者欲望的画面。

　　另外，在前述的"本店开始提供嗨棒了！"的宣传语的背景下，我们制作了以角瓶的品牌颜色——黄色为背景的海报，张贴在日本全国各地的居酒屋门口。后来，又在电视广告中播出了张贴有此黄色海报的居酒屋的画面。这样做是让消费者产生"我也来一杯电视广告中很流行的嗨棒试试吧"的消费欲望。

　　最后，我们还定制了角瓶嗨棒专用酒杯发给日本各地的门店，并在酒杯上贴上嗨棒的标签，只要有人用这个杯子喝酒，旁人一眼就能看出他喝的是嗨棒。

　　角瓶嗨棒专用酒杯的设计方案是由格子和经典的角瓶品牌颜色黄色搭配而成的。得益于三得利公司强大的营销能力，让这项推广活动取得了划时代的成功。因为这项措施，我们可以看出在店里有多少人在喝嗨棒。从在门口张贴出"本店开始提供嗨棒了"到用定制的角嗨棒酒杯饮用嗨棒等措施，使得广告中的场景真实再现在实体店中。

▶ **角瓶嗨棒专用酒杯**

· 新的酒文化诞生

·由比滨海滩边的眼泪

其实我们还与提供料理的店家进行了合作，以及与日本铁路公司（JR）新桥站进行了合作，让其将发车时播放的歌曲改为电视广告中的歌曲《你也喜欢威士忌吧》等。另外，三得利公司还将由小雪进行解说的"美味嗨棒的调制方法"视频上传到了油管网并引起了巨大反响。

随着电视广告的推波助澜，这个促销活动的效果慢慢显现了出来，嗨棒得以迅速推广。

过去，威士忌是人们在换到第二家甚至第三家安静的酒吧后，只有年长者才会点的酒。但是现在，年轻人在露营地及节日庆典等室外活动时也开始喝嗨棒了，这样的现象在当年是无法想象的。

在开始这个项目时，我们曾这样描绘过未来——"既然有露天啤酒店的存在，那么也可以有露天嗨棒店存在"，并且我们实际在镰仓的由比滨海岸边举办了盛大的露天角瓶嗨棒店的体验活动。

托这次体验活动的福，我得以和三得利公司的广告部门负责人一起观看了由比滨海岸边的烟花大会。当时，周围都是喝着角瓶嗨棒的客人。我还记得当我们看到了在有美丽烟火的夜空下，一群群喝着嗨棒的年轻人热闹沸腾的场面时，我们两人都不禁热泪盈眶了，这个景象太让人开心了。

·在了解业界结构的基础上取得的成功

角瓶嗨棒的这次推广活动让很多人对此夸赞有加："这则广告太棒了！""这酒一定会大卖。"这是我们在以往的经验和洞察力的基础上，通过细致的观察，并提出周密的拟订方案，再到最后落实，才见证和执行了这样高质量的促销活动。所以坦率地说，得到这样的好评我认为是实至名归。

但是，如果因此就认为仅靠广告，也就是说仅靠"表现力创意"就能取得这样的成功那就大错特错了。因为我们能获得成功的最大原因并不在此，而在于"商业创意"的另一面。而且，也可以从另一面来说明我们取得成功的缘由。那另一面到底是什么呢？

大家认为一瓶角瓶威士忌可以调制出多少杯嗨棒呢？答案是13杯。我提这个问题的目的是从卖方的角度来说的，因为销售嗨棒所获的利润比啤酒高，所以店家才愿意在自己的店里销售嗨棒。其实这个理由才是推动角瓶嗨棒普及的巨大推力。

当然，广告的推动作用也不可小觑，但是多次事实已经证明，仅靠广告就能解决问题的时代已经一去不返了。因此，事先了解业界的收益结构等知识，这对于解决商业问题至关重要。

·得到认可的新的文化和价值

25年来销量一直呈下降趋势的威士忌自2008年起出现了反转，而且还刷新了过去的最高销售纪录，甚至出现了因销量增长过快而让威士忌生产厂家叫苦不迭的情况，因为威士忌的原酒需要长时间的陈酿过程，所以无法快速满足不断增长的销量需求。

现在，威士忌兑苏打水的角瓶嗨棒已经成为一种新的文化和价值，而这种新的文化和价值的形成与我们的努力是分不开的，为此我们感到很骄傲，并且决心将来仍会一如既往地为大家所热爱的品牌和价值做出更大的贡献。

第四章

提高创意解决问题

能力的技巧

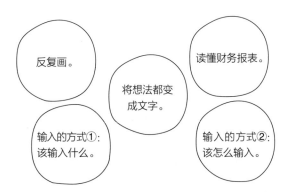

　　前文叙述了关于商业创意的流程，本章将就"提高创意解决问题能力的五大技巧"进行详细说明。这五点都是我在多年工作中总结出来的，我认为大家将来肯定能用得上。

反复画

通过视觉的理解力更强大

首先，将想法画成画。这一做法对团队内的交流或与客户一起探讨问题时也非常有效。你可以在白板上画，也可以在大家围坐讨论的桌子中央放一张白纸，在白纸上画。线上会议时你可以一边共享画面一边在自己的平板电脑上作画。

为什么我要强调作画呢？因为通过视觉信息的展示，我们可以更容易使所有参与者统一认知并朝着同一方向努力。据统计，人们通过五官获取信息的比例是视觉 83%、听觉 11%、嗅觉 3.5%、触觉 1.5%、味觉 1%，也就是说，人们获取的信息约有 8 成来自视觉。就如有了地图就更容易行走一样，大家共同确定前进的方向，并认清前进道路两旁有什么东西，这样才能更快地前进。

另外，有时讨论气氛高涨时会话内容也会脱离主题，所以通过画面共享，让大家意识到现在正在探讨的问题，也容易让会话重归主题。即使有时暂时脱离了主题，也有空余时间让大家暂时天马行空地进行讨论。如果没有共享画面，在大家精力不集中时就容易忘

159

了刚才讨论的主题。所以，大家共享一幅画面进行探讨非常重要。

简单的铅笔画即可

虽说是画图，但也没必要画多复杂的图。多数情况下，我只是用铅笔画出了简单的图，因为我的目的是把大家拉到同一方向，所以完全没有必要像企业顾问那样画出 MECE[①] 图。

换句话说，如果总怀有 MECE 意识，就会有"这方面做得不够""这也有必要去做"等意见则有可能使讨论陷入相互找茬的局面。所以，画简单的图就刚刚好。

大家一旦习惯了通过图画进行沟通后，反而不习惯没有图画的沟通了。而且，这样做的好处还可以随时记下讨论当场提出的数据、谈话的内容等，这对于团队共享信息非常有帮助。最近我才知道，软银集团的孙正义先生在出席会议时必会亲自拿着马克笔站在白板前，在上面写下重要数字和会议内容等。

对于笔记本和铅笔的偏爱

尤其是与多人进行现场讨论时，我会让大家看着白板进行讨

---

① MECE 是 "Mutually Exclusive Collectively Exhaustive" 的英文单词首字母缩写，意思是"相互独立，完全穷尽"。也就是对于一个重大的议题，能够做到不重叠、不遗漏地分类，而且能够借此有效把握问题的核心，并找到解决问题的方法。——译者注

论，所以，讨论时我会尽量坐在背对白板的位置。

讨论人数在 3 人以内时，我会在桌上放一张纸，在纸上作画，因为这样更容易让这 3 个人看清楚。我能做到把 26 个英文字母都反方向写出来，为的是方便给坐在我对面的人看，为此我专门练习过。

为了便于手写，我用的是印有 dof 公司社标的白色 A3 的版纸。版纸是用稍有厚重感的高级材质做成的，可以让使用者用起来心情愉悦。另外，我特别重视使用普通铅笔。不过，这可能只是我的个人观点，我认为使用普通铅笔和自动铅笔时大脑活动是不同的。因为普通铅笔的粗细可以由自己控制，画图时能更专注、传神，所以它一定也会对大脑带来某种影响。而且用普通铅笔在 A3 的版纸上写写画画，能让我文思如泉涌。

其实，我喜欢用白纸和普通铅笔的习惯是受了 CCC 株式会社 ① 的增田宗昭社长的影响。增田社长用的也是 A3 白纸和普通铅笔。

💡 图画是创意指导的成品

讨论时所画的图及会议记录需要在会后将其转换为 PDF 文件，这样一来，图既不会丢失，也便于大家共享。

---

① 茑屋书店的母公司。——译者注

即使只是繁杂的手写记录，在将来对工作也大有裨益，尤其是想再回顾所讨论的内容时。如果没有这些记录，我们有时会完全想不起来当时到底讨论了什么。因此，在有新成员加入团队时，我会先要求他绝不可丢弃我所做的记录。

公司成立 3 年后，我们重新审视了自己，思考 dof 公司到底做出了什么大家都可以看见的产品。那时我们才发现，大多数产品都如我图中所画的及所记录的内容。也就是说，我之所以将讨论时对方所提的内容、数字及想法等进行记录，是因为在结束讨论后我经常被对方问及"能否将会议记录传给我一份"，虽不是什么漂亮的记录和图表，但真实记录了当时大家脑中闪现的灵感和创意，而纸板就是这些灵感和创意浓缩而成的一件件产品。因此，后来我们决定在纸板上印上公司的标识（logo），并在上面写下每次讨论的日期。

将想法都
形成文字

 ## 为了回顾而写

如前所述，我画图的目的主要是帮助广告客户解决商业问题，现在我想强调，为了提高自身技能，也为了自身的成长，把自己的想法写下来也非常重要，因为在日后进行PDCA循环[①]或再次斟酌方案时这就是不可或缺的素材。假如没有这些素材，在与客户进行错综复杂的交涉的过程中，自己也无法了解是否与对方进行了很好的交涉。今后在反省时，也只能搜索脑中的记忆而无实证材料，无法明确问题所在。

被客户催促"快点做"时我们感到十分焦虑；由于对方的强势立场，因此我们总担心被对方指责；虽然仅有点印象，但问题的根源绝非只有这些。越是这样的时候，我们越应该将所有的事

---

① 一般称为戴明环，由英语单词 Plan（计划）、Do（执行）、Check（检查）、Action（行动）的首字母组成，指按照这样的顺序进行质量管理，并且循环不止地进行下去。——编者注

情用文字记录下来。形成文字后，自己就可以从局外人的立场去客观看待和俯视交涉的整个过程。这样也就可以避免重复出现如下情况："因为太慌张了，所以失败了。""因为太累了，所以做出了错误的判断。""因为太害怕了所以没能反驳对方。""冷静思考后发现对方说的都是错的，但我们还是照单全收了。"比起搜索留在脑中的记忆，将之写下来然后再回头看则更清晰，而且也有助于我们及早发现问题点或找到改善的方法。

💡 定期回顾自己

在我的印象中，优秀的人都有每日回顾和反省自己的习惯。就如上市企业每季度都会进行一次结算并公布经营情况一样，个人定期进行自我回顾也有利于自身的成长。

每到年末，dof 公司都会要求每位员工回顾过去一年中的自己并将之写下来。现在这个时代，每个人每天生活的点滴基本都会留在智能手机中，如相机、谷歌日历以及印象笔记（Evernote）或各种社交平台上。我们要求员工回顾过去一年中留在自己记忆中的事情并写下来，虽然需要花点时间，但这样做就能使记忆中的事情越来越清晰。也就是说，以此来明确对自己来说重要的事情是什么。

接下来，盘点和整理出自己过去一年中的十大新闻，并确定下一年的目标和计划。这样做的话，今后做事就不会凭一时冲动，而是能认真审视自己现在及今后的人生计划，使目标更加明确。

　　顺便提一句，进行年度盘点时你会发现，能入选十大新闻的其实基本与工作都无关。虽然大家都在努力地工作并感受到了工作的价值，也因此感到了幸福，但工作并不是生活的全部，这就是事实。如果你对自己能进行如此冷静地分析，对你的工作来说也大有裨益。

▶ **回顾过去一年中的自己并写下来**

读懂财务
报表

财务报表是公司的成绩簿

可能大家会认为创意总监和财务报表这两者毫不相干，但为了帮广告客户解决商业问题，具备读懂财务报表的能力对我们来说绝对有百利而无一弊。

财务报表就是公司的成绩簿。上市公司每个季度都必须在公司官网的信息栏中公开财务报表，所有人都可以看到。从一家公司的财务报表中我们能够大概看出这家公司的整体经营状况。举个极端的例子，如果你能读懂一家瓶装饮料零售公司的财务报表，你就能看出该瓶装饮料的产品原价、广告费以及利润各是多少，甚至还能看出包装费及人工费是多少。另外，读懂财务报表，还能让人意识到不同行业的生产性存在巨大差异，有的行业的毛利润可达 80%，也有毛利润仅为 20% 的行业。其实广告代理商的毛利润为 10%~20%，而最终的营业利润仅在 5% 以内。从财务报表中可看出，行业不同其收益结构也不同，而且还可以看出该公司的规模和其在该行业中的地位。

dof 公司在接受项目委托时，如果委托的公司有公开的财务报表，我们会要求团队全体成员必须先看客户的财务报表。对于没有公开财务信息的非上市公司及还未上市的公司，我们也会尽最大可能获取该公司的相关数据，以更好把握该公司的商业运作情况。

第一章中我提到，为了找到问题的本质，需要了解客户的商业模式和收益结构等，其实我想说的就是必须读懂公司的财务报表。

💡 提高提问能力

能读懂公司的财务报表，就能与客户拥有共同语言，同时也能提高我们对客户的兴趣，结果自然能提高我们的提问能力。

我们在与各公司的经营者打交道的过程中，在从他们公司的财务报表上获取信息的基础上，你就能提出这样的问题："贵公司两年前的统计数字是这样的，原因是什么呢？""那时你们是有什么打算吗？"这些问题会让对方感觉到"这个人确实用心在研究我们公司的情况呢"。其实我也一样，见到有人对自己的公司感兴趣时，我也会感到很高兴。

当今社会，事前没有好好学习或研究过对方的情况就去面谈或讨论的人大有人在。我在接受采访的时候，经常有这样的感受：希望对方再多了解我一些。我想，很多经营者的感受也应该和我一样。

我们是否能提出切中要害的尖锐问题也很重要，而且，这也是锻炼自己提问能力的重要途径。从这个意义上来说，培养读懂公司财务报表的能力对我们的工作绝对大有裨益。

💡 损益表是公司的钱包，资产负债表是公司的存款

我也曾认为，公司的财务报表应该很难看懂。如损益表（Profit and Loss statement，PL）、资产负债表 (Balance Sheet，BS) 等专业名词听起来都让人头疼。但是，实际了解后我发现，原来读懂这些比想象中的简单太多了，就如个人钱包中的存款一样，这就是当时这些图表给我的印象。

举个简单的例子，自己的钱包中有多少钱，就是损益表；自己的存款和资产就是资产负债表；可自由支配的资金有多少，就是现金流。

发工资后先把从朋友那借的钱还上，然后交房租、看电影、吃大餐等，这些花销就是损益表。扣除这些花销后，剩下的钱和资产该如何储蓄，这就是资产负债表。

这是我从乐天集团的原执行董事柴田尚树的《比工商管理硕士更简单，比英语更重要的，公司财报阅读习惯》一书中学到的。只要用心去做，很多事情其实并没有你想象得那么难。

成功的提案离不开数据支撑

我现在还担任运营 Zozotown[①] 的 ZOZO 株式会社等 3 家公司的外部董事，加上自己经营的 2 家公司，共 5 家公司，所以对我来说，读懂各种财务报表是基本能力。另外，为了想出配合经营的各种商业创意，读懂各种财务报表更是不可或缺的能力。

显示商业成功与否的指标除了财务报表，还有与是否能通过创意实现事业成功相关的数据。

---

① 日本网上时尚商城。——译者注

输入的方式①：该输入什么

紧跟时尚，驾驭潮流

向外输出的能力与信息的输入量成正比，也可以说一个人输出的能力取决于其信息输入的数量和质量。所以，我们需要紧跟眼下的潮流，同时这也是一种训练自己用鱼眼、鸟眼看问题的有效方法。

所谓的潮流是指刚好能契合时代潮流及氛围并能抓住人心的东西。而创意最重要的就是要敏锐捕捉到人们的心情变化，所以我们必须了解和捕捉到现今什么内容最能吸引人的注意力和抓住人心。

江户时代和明治时代人们的喜好当然和现代人不一样。而且，在相扑、歌舞伎、职业棒球等流行时，每个人的喜好也不一样。同一个时代中经常有大的流行趋势、小的流行趋势以及小的流行事物等，所以必须要经常敏锐捕捉到这些流行的样本。

融合媒体的偏见

我常看的新闻网站是日本经济新闻和新闻精选，但是对于新闻媒体，希望大家要清醒地认识到媒体存在相当大的偏见。当然，我们不能忽视媒体报道的信息，但同时也要清醒地认识到他们只选取了他们想报道的内容，这些报道存在相当大的偏见的事实。

另外，我还会购买身边人推荐的书籍，看电视剧时我会倍速播放，对视频平台上的视频我不是看图像而是仅听声音，一般情况下我是一边做家务一边听或者在慢跑时和开车时听。我最不擅长专心致志只做一件事，也就是我不擅长执行单一任务，所以我经常一边做事一边耳朵里听着什么。听有声书时我也是以 2 倍速听的，目的是高效地吸收信息。

大街是信息的宝库

有时间时到街上看一看、逛一逛也很重要。我们生活的街道经常发生变化，街道是一个蕴含着各种重要信息的宝库。我喜欢散步和慢跑，经常在运动时顺便观察街上的各种变化以及走在街上的人们等，以便收集有用的信息。例如，我会观察自动贩卖机里销售的商品以及商品摆放的顺序，还会注意旁边扔有什么样的空罐。

有时我还会观察路边的垃圾桶，看看人们丢弃的垃圾里有什么，例如，丢的空罐中是发泡酒的空罐多还是第三类啤酒的空罐多？我想通过这些细节去了解人们的消费趋势。

▶ **大街是信息宝库**

当然，我也会到商店里看看，因为很多解决问题的答案就藏在商店的卖场里。我经常观察便利店、超市、家居建材商店、车站里的商店等。例如，我会仔细观察在那么小的便利店里都摆售了什么商品等，往往我都有新发现。因为便利店是最与时俱进的地方，所以定期到便利店里观察也是一种很好的学习方式。

💡 在国外发现新奇点获得灵感

我建议大家有机会多去国外走走看看。国外是我获得信息的最好地方，例如漫步街头时你会发现有些东西在国外卖得很好但在自己国内却没有销售，或者在本国热卖的产品在国外市场上却见不到。通过这样的比较和验证，你会得到很多意想不到的收获。

在日本热售的"伊右卫门"绿茶等以日本茶为原料的无糖瓶装茶，在东南亚的超市和便利店里却没有卖，因为东南亚人喝的日本茶是甜的，而甜的日本茶在日本根本没人会买。

顺便提一句，一般情况下，我每年都会尽量去一次美国、中国、印度、意大利等国家，我分别给这几个国家贴上"一直行走在潮流最前沿的国家（美国）""快速发展的国家（中国、印度）""将厚重的历史打磨成文化和价值的国家（意大利）"等标签，对其定期进行观察，而每次它们也都给了我丰厚的回报。

输入的方式②：该怎么输入

 与输出紧密相连

前文讲了输入的必要性，但我们也不可杂乱无章地接受一切信息。输入时必须考虑输出，就如呼吸一样，不先将肺里的空气呼出去，新鲜的空气就吸不进来。例如，我们可以将分析后的感想写下来，可作为仅对自己可见的记录，也可以说给他人听或者写在博客等社交媒体上。重要的是要明确对此自己是如何想、如何感受的。

通过观察、分析、思考、传达等循环，将输入的信息转变成自己的东西。接着，再将之作为自己的拟订方案或感想向外输出，就可与他人的想法进行碰撞、交流，由此可使思考变得更深入。

 思维结构化

我们必须有意识地进行输入和输出。

▶ **输入和输出合二为一**

　　人是一种嫌麻烦的动物，喜欢无所事事地浪费时间。比如，吃了一日三餐就睡，结果什么收获也没有；一天到晚只是无聊地看电视或浏览社交媒体，因为做这些时你都没有在积极地吸收信息，所以结果也是一无所获。

　　尤其是随着年纪的增长体力也日渐衰弱时，或者因工作太忙自由时间变少时，每天都重复着同样的日子时，人的好奇心也会变弱，积极吸收外部信息的意愿也越来越弱，这样将导致人的视野变窄和思维僵化。这就如同呼吸变浅时血液中的氧浓度也变少的状态一样。为了避免出现这样的情况，我们必须有意识地进行改善。

　　我们 dof 公司有一个名为"自我钻研制度"的独特规定，就是员工为了吸收更多信息而购买书籍、看电影或参加活动等费用无须个人承担而全由公司报销，包括高额的演出门票、热映电影的电影票、自己喜欢的艺术展以及购买最畅销书籍的费用等。但有个前提，就是要将自己获得的经验和感想与全体成员共享，例如将"如果是我的话就这么做，我想这么做！"等想法与大家交流共享。作为一个专业创意者，善于总结和发现生活中的所见所感也是提高专业技能的重要一环。

💡 人际关系也是信息输入的一种方式

信息的输入和输出就像人际关系一样。如果总和同一个人整天待在一起，那么就容易陷入输入的信息不全的情况。所以，有意识地与不同行业、不同立场的人交往也很重要。我们要思考谁最能给自己带来好的刺激和启发，并和这些人深入交流。而且，如果我们不明白自己到底想得到什么样的信息，就要试着自己先输出，再从对方的反馈中吸收有用的信息。如果自己不能给对方提供有用的信息，对方也不会给你反馈有用的信息。

另外，请重视社交媒体上的人际关系。让我惊讶的是，脸书（Facebook）等社交媒体上居然存在很多与真实生活中相似的朋友关系，是科学的算法使这一切成了可能。

如果身边的好朋友越来越多，良好的人际关系就会呈螺旋式上升。因此，如何将自己置身于这螺旋式的人际关系中非常重要。有一种说法认为"一个人的智慧是他接触最多的五个人的平均值"，我很赞同此说法。

▶ **人际关系也是信息输入的方式之一**

即使不是在现实中而是在虚拟世界中，如果总和同一个人待在一起，那么与其他人相遇的机会就会减少。你们的交流内容也渐渐局限于你们熟悉的内容，而且也只会说对方喜欢听的好话，使人际交往成了一种浪费时间的行为。

我很喜欢交际，就像喜欢呼吸郊外的新鲜空气一样，我喜欢结交新朋友和扩展人脉，这已经成了我的习惯。我本来就是个没常性的人，所以经常觉得从陌生人那里获得信息对自己都大有助益。可能有些人会认为和陌生人交往没有安全感，但我觉得如果封闭自己，就很难获得新知识、新信息或者难于拓展人脉。

善用比喻也是
一件武器

💡 打比方 = 抽象化

为了找到问题的本质，将事物进行结构化及抽象化也非常有用。方法之一就是"比喻"。对事物进行比喻的能力需要我们在平时有意地进行练习，这对于找到问题的本质及解决问题非常有帮助。

比喻就是将事物进行抽象化。能将事物进行抽象化就意味着也能将之进行结构化，在这样的基础上进行比喻会让人更容易理解。

其实，实际在运用比喻时，可能会让对方感到茫然。这时，就可以依此判断自己的比喻是否恰当了。此时，我们可以以"如果打个比方的话也可以这么说"这样的对话开始交流。如果比喻恰当，有时就可以因此找到问题的本质，所以，可以说比喻就是用对方能理解和接受的语言与其进行交流。

💡 酵素公司 = 吉本兴业

下面介绍一下我和前文提过的天野酶公司之间的轶事。

那年我们接到天野酶公司的委托，希望我们能帮他们向大家推广酵素。说实话，与他们第一次会面时，我完全不了解酵素为何物，天野酶公司又是一家什么样的企业。后来他们介绍说，酵素就是微生物和细菌的代谢物，数量达几百万种之多，而且酵素有多种用途。天野酶公司就是根据用途将酵素进行分类的公司。

当时听到这些后，我脱口而出，用了一个比喻："天野酶公司不就是一家艺人经纪公司吗？"

艺人经纪公司就是通过搜罗或海选等方式去挖掘搞笑艺人、歌手、编剧等明星。擅长搞笑的人就去参加娱乐节目、歌唱得好的人就写歌让他唱、擅长编故事的人就让他写书等，这就是商业运作。从土壤或生物的血液中找到并提取酵素，相当于搜罗和海选的工作；然后对酵素进行培养，这相当于让艺人参加娱乐节目、出专辑或是出书等。

接下来，让艺人将视频上传到油管网等视频平台或出席音乐节目等则相当于将酵素用在米饭、面包或日本酒上。就像艺人各有强项一样，不同的酵素其强项也不一样，应该根据其强项合理使用。

基于这样的想象，我准备了一张吉本兴业集团^①的宴会照片对对方说："天野酶公司的工作不正像吉本兴业集团的工作一样吗？"对方可能没料到我会打这样的比喻，表情非常惊讶，我又

---

① 日本最大的艺人经纪公司、电视节目制作公司。——编者注

适时加了一个比喻："酵素其实和《复仇者联盟》及《超人总动员》中能在水中行走及随意使用火的超能力的英雄一样，各自具备不同的超能力。"这样的比喻使对方意识到了"原来我们生产的酵素具有那么大的作用"。在此之前，他们几乎放弃了向不了解酵素的人说明和解释酵素为何物。

之后我们制作了前文所述的天野酶公司的科普网页，对此，我想最高兴的应该是天野酶公司的员工们了。后来我们接到了这样的反馈："我终于能很好地向别人介绍我的爸爸是做什么工作的了。"

专栏 | **创意总监即使不擅长进行广告设想，也
必须做好工作**

· 能言善辩 = 不擅长广告设想

提起好的广告设想，可能会有很多人认为就是用清晰流畅的语言表达出完美的方案。在与大岛征夫一起工作后，我才发现完全不是这么回事。

其实大岛征夫是一个不太会用语言表达的人，说句不太礼貌的话，他的语言表达能力很差。他说的话不简洁明了，而且还经常说一些模棱两可的话。但是，听他说完后你会发现"他的方案太棒了"。因为人们在听不善于表述的大岛征夫讲解时，自己也会进行想象，所以最终大都能发现他的方案的厉害之处了。

在我以前就职的电通公司里，有很多广告设想做得很棒的人。他们大多是不善言辞的人，但也正因为他们不善言辞，可以让想听的人更加注意倾听。他们说话的声音不是很大，这反而让听者更加细心倾听。

· 适合自己、顺其自然最重要

美国总统是公认最会做宣传的人，但我认为，如果将奥巴马（Obama）总统的宣传方式运用到商业上是不能获得成功的。作为政治家，他们总是一个人面对 1 万人甚至 100 万人进行演说以推广自己的想法，而我们的日常工作是面向少数人的，我们与少数客户面对面地探讨方案，所以必须强烈意识到我们是在与个人进行交流，即和我、和你、和他在交流。所以，与其大声地说"我喜欢你，请和我交往吧"，不如矜持地保持距离，这样反而会让对方更想主动去了解你。

对于有些即使苦求也求不来的东西，我们也无须在意技巧，只需按自己的习惯顺其自然地去做，随机应变就好。用高尔夫做比喻的话，当无法用球棒击球时，也可通过其他小技巧得分。其实广告设想也一样，随着时间的推移，结果自然也会发生变化，随机应变很重要。

其实我也经常做项目说明，我认为最重要的是做好当下的工作。从这方面来讲，了解客户此刻的想法和需求更加重要。传奇创意总监大岛征夫也说过"广告设计成功与否 90% 都取决于事前准备"，对此我深有同感。

第五章

提高创意解决问题

能力的思维习惯

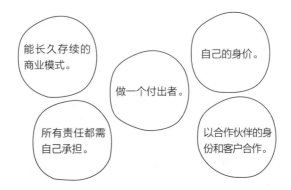

能长久存续的商业模式。

做一个付出者。

自己的身价。

所有责任都需自己承担。

以合作伙伴的身份和客户合作。

　　为了解决商业问题，除了方法论和技能之外，我们还必须掌握一些重要的思维习惯，即对自己、对自己的工作以及对他人的心态。本章我想谈谈我认为的创意总监应该拥有的 5 种思维习惯。

能长久存续的商业模式

💡 我们的使命是"创造文化和价值"

dof 公司将"创造文化和价值"作为公司使命。其实要实现这个使命并不容易，也不是一两天就能实现的，但我们还是想通过各种项目最终得到世人认可的商业模式，即得到人们"他们创造了一种新文化""他们创造了新的价值"等评价。

但是，这样的使命感有时会与眼下的工作产生矛盾，因为广告也是一种消费品，而广告投资往往要求立竿见影。广告其实也和空气一样，很快就会消失得无影无踪，很难留下。正因为如此，我们才提出了"创造文化和价值"的使命。制作广告时我们也是怀着"先花费大量时间打好基础""现在的积累是为了更好的未来"等强烈的意识尽量去做能够创造文化和价值的广告。

💡 创造能留给后世的财产是人类的责任和义务

如果没有这样的意识，就会导致我们的工作只顾眼前的短期效益和如何克服眼前的状况，这样一来，我们的工作就和烧垦农业无异。

烧垦后，虽然第一年的收成不错，但是第二年之后因为土地没了养分就再也种不了作物了。如果以这样的方式去帮助企业解决问题，从长期来看，企业的品牌、商品及前景的影响力也将越来越弱。当今，企业也需顺势提高业绩或上市等，如果没有很好的措施保证企业可持续发展，企业也有瞬间破产的可能。

最近，有些企业开始抱有"无须为后世留下什么""只需在那个时候做好就行"等想法，这些企业只会想办法应付面前的问题，等到有人想买时就出手卖掉，不考虑将来。即先开荒耕种，等把土地整备好后就将之卖出去的思维方式。这样做虽然也有可能获得经济收入，但我认为这样的企业和烧垦农业没什么两样。

对企业来说，创造能留给后世的文化和价值非常重要，同时这也是作为社会人的责任和义务。因此，才出现了关于可持续发展及环境问题等的讨论。另外，这也说明人们开始认真思考自己的责任和义务，考虑为子孙后代留下什么。只要开始这样讨论，那本身就意义非凡了。

💡 著名经营者都具有洞见未来的能力

在与一些著名企业家们交往的过程中，我感受最深的就是他们是真的想去改变世界。"改变世界"就是对"要给后世留下什么"使命的最完美解释。

对于不了解他们的人来说，可能有人会说他们是守财奴，或者认为他们有极强的扩张欲等，但事实并非如此。激起他们工作动力的是"我们必须改变社会""必须推动人类进步"等炽热的情怀及远大的蓝图。像他们这样出类拔萃的人，在取得巨大成功后仍然没有停下脚步，仍在带着使命继续前行。

已经手握数十亿日元、数百亿日元甚至数千亿日元资产的他们在物欲上应该没什么需求了，因为他们可以随时买到想买的东西，但即便如此，他们还是拼命地工作，我想除了上述动机应该没有其他理由了。

企业的使命和蓝图与经营者的个人本质息息相关。所以，在考虑如何帮助企业解决商业问题时，这些因素也绝不可忽视。

做一个
付出者

水盆舀水理论

英文中有句话叫"Give and Take"，原意是"给予和得到"，即"有舍才有得"，它表明了舍和得之间相互对等的关系。不过，我认为应该是先给予更重要。不管是信息还是协助他人，最好先做好"Give and Give, Give and Give, Give and Give"（给予，给予，再给予）的思想准备。虽然说不准什么时候才会得到回报，但我相信肯定会有回报的。CCC 公司的增田社长曾说过这样一件事，就是用手将盆里的水往外舀时，水会碰到盆壁而返回来，意思是只要你付出，就一定会有回报。

创意总监的工作涉及多人，为了解决一家公司的商业问题，是不可能靠个人完成的。如果得不到多方面支持和协助，就不可能取得成功。因此，我们要注意从平时就做一个给予者，而不是索取者。

▶ **水盆舀水理论**

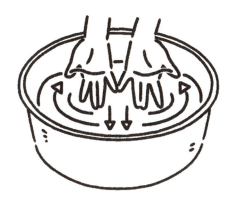

💡 **从索取者向给予者转变**

过去我也是个索取者，与人交往时，我总会考虑这个人能给我带来什么好处。后来我变为一个给予者，主要是受了大岛征夫及我妻子的影响。

大岛征夫不是一个独占任何东西的人。在专业技能、创意以及自己的工作或客户等方面他都绝不贪恋。在电通公司工作时，大岛征夫就尽其所能帮助很多下属充分展示了他们的才华，我认为这都是因为大岛征夫是个胸怀宽广且有雅量的人。

与大岛征夫相反，度量狭小的人可能会说"那是我的客户，不许撬走哦"，而且在客户面前他们也会抢尽风头，绝不给其他人表现的机会。大岛征夫说，对于有能力且有意愿去做事的人，对自己来说，给他们机会能获得双赢。因此，他不断地将机会让给身边有才华的人，他也因此深受身边人的尊敬和爱戴。

对于工作他也不是紧抱着不放，而是交给有才能的人去做。在与人交往、金钱及工作方面他都是开放而毫无保留的，他这样的风格是我学习的榜样。

我的妻子也是这样的人，她对人毫无保留，愿意给予他人帮助，有时甚至让作为丈夫的我产生这样的担心："这样做真的好吗？"在我还是一个索取者时，曾有过这样的想法："不求回报的话去做事还有什么意义？"受到他们的影响，后来我也慢慢变成了一个给予者，也因此得到了众人的喜爱。

💡 作为给予者是一件幸福的事

先给予还是先索取，是一个与"先有鸡，还是先有蛋"一样的永恒话题。其实，谁都不可能从一开始就能做到无条件给予，很多人认为给予就是损失，所以大家都不愿意给予。

成长后，我对给予的抵触感逐渐消失，同时也慢慢意识到了给予的价值。我现在创立了自己的公司，以创造文化和价值为目标，以让世界变得更好为己任，因此也感受到了给予所带来的快乐。虽然不知道什么时候能获得回报，但我相信回报总会来的。成为一个给予者之后，我开始因此受益。

第五章
提高创意解决问题能力的思维习惯

我因经历过各种工作而积累了一些能向别人提供参考的见识和知识，这对我来说是一种荣誉。俗话说，赠人玫瑰手有余香，所以我也一直尽可能地帮助别人，自己从中也收获了不少快乐。

💡 年轻人也可以成为给予者

可能会有人认为"我还年轻，没什么能够给予别人的"，但其实不然。

入职电通公司两三年后，我被分到传媒部负责与电视台对接。当时，我也没有什么特别的能耐，前辈告诉我"你的工作就是请电视台的人出去喝两杯，跟他们搞好关系"。因此，当时我见人就说"下次去喝酒时请一定带上我"。

后来又有前辈对我说："你到现在还没被别人邀请过吧？要想被人邀请，你必须先具备被别人邀请的资本。"当时我虽不明白是什么意思，但是被这句话打醒了，至今我都对此记忆犹新。

后来我才慢慢明白，如果自己没有什么可以给予别人的话，别人是不会邀请你的。在你成为一个给予者后自然就有人向你发出邀约："一起去喝一杯吧！"

如果你认为自己年轻没什么可以给予别人的，就应该认真思考如何做才能做一个给予者。其实年轻人也有可以给予的资本，例如知道很多年长者不了解的新事物，可以给予别人只有年轻人才了解的潮流和信息等。另外，提问本身就是很好的礼物，你可以提出年长者一般不会问的尖锐问题，例如可以从"您的爱好是什么？""平时喜欢做什么？"等普通的问题开始磨炼提问能力。

自己的身价

广告等价值原则

如前文所述，我创立 dof 公司的理由之一就是希望大岛征夫能获得与之相称的报酬。我想强调，其实每个人都应该给自己设定一个身价。例如，棒球选手铃木一朗的年收入非常高，因为他能给很多人带去梦想，有激励他人等巨大的价值。同样，大岛征夫通过广告给人们带去感动或使其心情愉悦，为社会提供了价值。但我认为，在他还是电通公司职员的时候，他的价值并没得到相应的回报。

与建筑设计行业一样，广告行业的利润一般只占总投资的 10% 左右，这是广告行业的常识。例如广告制作费 2000 万日元、海报 1000 千万日元、印刷费 500 万日元，共计 3500 万日元的广告费投资，只有 10% 左右即 350 万日元是广告手续费即广告利润。也就是说，以传媒为中心的广告委托越多，佣金收入就越高这是广告行业的常识。但根本没有人考虑过广告创意在其中起到的作用，或者说根本没有人考虑过有哪个创意者或创意总监经手了这则广告才能使之取得成功，完全没有人给其中的有能力者支付相应薪酬的概念。我认为这很不正常，这样无法给有才能的创意者支付与他的能力同等价值的薪酬。所以，dof 公司不是以广告的必要经费为基础计算手续费的，而是以广告或创意专家的价值为基础申请广告佣金的。而且，这部分费用不是写在报价单的下面而是写在最上方。

dof 公司的报价单中没有记载其他广告公司中空见惯的以"时间单价 × 劳动时间"，最后再进行合计的方法。我认为本应如此，因为这样也便于广告客户对自己期待的广告成果做出简单判断，判断是否应该支付这笔费用。

💡 给自己的身价定价

创立 dof 公司，给像大岛征夫这样的人提供了公平议价的平台后，我还必须考虑另一件事，就是我也要给自己定个身价。

dof 公司朝着能让大岛征夫挣到钱的模式扬帆起航了，但我担心大岛征夫随时都可能离开 dof 公司，所以我必须考虑到万一他离开了，我也得能凭着自己的身价让 dof 公司挣到钱。所以，除了从项目中挣钱，我还要凭着自己的身价挣钱。也就是说，我必须让别人看到并认可我的身价。

所以，我在报价单中的靠上的一栏中列出了"斋藤太郎的身价"。这样做的目的是如果客户不认可这一条，那么他就不能享受到我们提供的服务。其实这么做还有另一个目的，就是我想让对方想到因为有我在，所以这个项目才有可能成功，也就是想向对方强调创意总监的价值。而这样的做法在当时的日本广告行业还未曾有过。

dof 公司成立之初，初次与客户谈判时我们的报价单上写的不是手续费，而是写有自己名字和身价的报价单。说实话，那时我对此也忐忑不安。结果确实也让我泄气，并没有哪家企业能爽快地接受这样的条件。之后，为了证明自己，我将自己作为创意总监所从事的工作展示给客户看。不仅是创意计划，还有传媒方面的计划以及在商品开发、产品研发、建立组织等方面的业绩展示给客户看。

所有责任都
需自己承担

当事人意识让人强大

dof 公司非常重视"自省"这个词，因为所有事情都是有其果必有其因。如果发生事情时只会一味地怪自己运气不好或是怪对方不好，那么你永远不会得到成长和进步。

总将原因归咎于他人或是天气等不可抗力，你就会失去判断的依据。因为如果原因都在别人身上，你就没有存在的必要了。简言之，就是没有你项目也可以继续进行下去。相反，如果出了任何事情你都会觉得是自己的错，也会对自己起到反作用。我觉得应该这样认为："因为有我在，所以项目才能进展顺利，有我在才能让世间变得更快乐。"如果能以这样的心态，以当事者的意识去思考，情况就会大不一样。

有果必有因，如果能从失败的教训中反思自己及与自己相关的原因，就可以避免下次再失败。从失败中吸取经验非常重要，人只有不断审视失败的原因才能得到成长。所以，越早挑战，越早经历失败就越早能从失败中学到经验，这样的经验非常有助于我们成长。

时常怀有"一切都是我的责任"的心理，就会萌生当事者的意识，从而能在失败中学到经验。当事者意识还有助于产生责任感，从而提高做事的成功率。因此，自省是一种必不可少的从业态度。

💡 你的附加价值是什么

让我产生强烈自省意识的是我在广告代理商的工作经历。所谓代理商，就是介于生产者和消费者之间的中间商。

我以前所任职的电通公司几乎没有在本公司制作过产品。电通公司主要从事的传媒或内容产业是将事物从右移动到左，以使其产生价值的工作。其实，这世上几乎所有工作可能都是同样的模式。除了第一产业，其他产业几乎都是在将东西从右移到左的过程中便产生了附加价值使其价值增大。制造业如此，服务业亦如此。

广告代理商所从事的工作就是将一种像空气一样无形的东西销售出去。因此，一些对此有较清醒认识的员工认为，好像没有我们这个世界也不会受到什么影响。而且，作为公司的一员，努力工作者和得过且过者的工资相差并不大。这样的体制容易让员工认为只要短期内掌握工作要领，能够应付工作就行。这对公司来说是一件非常不幸的事，员工不会主动思考如何改进工作的话，他们是得不到提高的。

正是因为处于多个部门之间，我们才有存在的价值。虽然我们的工作确实有点像将东西从右边移动到左边的感觉。但是，如果你时常拥有当事者意识及自省的思维习惯，就会发现自己存在的价值。

💡 悲观者常常正确，乐观者往往成功

凡事都有失败的可能。因此，做好"悲观者常常正确，乐观者往往成功"的思想准备非常重要。其实，能力越强的人越谨慎，也越胆小。这是由于他们考虑到所有事情都有自己的责任，而且正因为有了充分的思想准备，他们对于是否能取得成功持有非常慎重的态度，因此他们就变得非常胆小了。

但是，如果总能以悲观的心态去考虑问题，以乐观的心态去行动，也有助于让人下定决心做一件事。因为已经明确了容错范围，而且设想过即使出现了最糟糕的状况也不会造成严重的后果。换言之就是，他们已经做过模拟演练了。知道哪里存在危险、哪里出问题时后果会比较严重。最可怕的是在对这些情况完全不知情的情况下继续推进项目。这样的话在推进过程中有时难免会急刹车，有时甚至连急刹车都刹不住。最大的风险是完全看不清前方的状况，所以我们必须看清状况后再推进项目进行。

以合作伙伴的
身份和客户
合作

摒弃"业者心态"

一切都按客户所说的去做的话确实会很省心。你不用多想，只需按照客户所说的严格执行就好。客户叫我们怎么做，我们就怎么做，对于他们提的意见我们也如实修改，这样做的话自己就无须担责。

"因为我们都是按照你们所说的去做的。"

"这是按你们的意见去修改的结果。"

如上所述，这样就可以将所有的责任都推到客户身上，我将这种工作方式称为"业者心态"。

我们应该摒弃这种心态，好好积累理论知识，并对自己苦思冥想后提出的提案充满信心，如果提案被采纳，那就没有可逃避的借口了。这样做虽然会让自己面临很大的压力，但却非常有助于个人成长。

💡 数字并不代表全部

有时我们会和广告客户共同设定一个关键绩效考核（KPI）的数字目标，但这里埋着一个坑。那就是，如果设定了数字目标，就有可能造成"达到这个数字就可以了"的心理从而降低了目标。

如果将 KPI 设定为一个不高不低的数字，当业绩达到或超过所设定的数字时，我们就会认为目标已经达成而不愿再努力了。不只是我们这样的企业外部人士，企业内部的员工也会认为目标已经达成而不愿再努力。

设定数字目标的本意是为了解决商业问题，但不知不觉间，达成数字目标却成了最优先事项，使手段和目的本末倒置了，这样一来，项目往往进展不顺。在我的印象中，这样的事例并不少见。

与客户一起确定数字目标当然有必要，但要切记不要被数字目标喧宾夺主，而应不断思考自己应该真正解决的问题是什么、客户的需求是什么，保持与客户的良好沟通才是重点。

💡 构筑中长期的信任关系

从将"怎么走？用 GO 叫车吧！"的大型广告牌挂在人潮汹涌的街头时起，我们就决定除了制定市场推广战略及进行创意的企划制作业务，还将户外广告媒体也作为我们的一项主业务来抓。像 dof 公司这样以媒体广告的手续费为基础，将帮助企业进行企

划和作为商业顾问的业务所得收入作为主要商业报酬的商业模式
并不多见。

位置比较好的广告牌每年的广告费用是 1000 万日元以上，我
们开始实地考察每个广告牌周围的情况。其中，有客户想买下某
处的广告牌，我们到实地考察后发现那块广告牌位于毫不起眼的
位置，怎么看也不值 1000 万日元，于是力劝客户放弃。

我们本就是靠销售媒体广告获利的，这么一拒绝就意味着帮
客户立起 1000 万日元广告牌相应的手续费也泡汤了，而做出这个
决定的是我。

不过，这其实是"塞翁失马，焉知非福"，我认为客户因此
对我们产生了信任——"他们是在真正帮助我们解决问题"。短期
来看，我可能是做了一个商人不应该做的错误决定，但从中长期
来看，我们因此而与客户之间建立了信任关系，这才是我们最大
的收获。

💡 庆功宴必不可少

与客户一起推进项目时，我特别重视项目结束后的庆功宴。
一般情况下，项目每告一个段落时我必会召集大家一起喝几杯，
顺便交流一下工作过程中的心得体会。我认为这将有助于下一阶
段工作的展开。

举办庆功宴还有向大家表示感谢的意思。由于平日里没机会

向大家致谢，因此每次我都是通过庆功宴的方式来表达谢意的。而且，在庆功宴上，我会让每一位项目成员都上台讲几句话，这样做可以加强团队的凝聚力。

大家聚在一起，吃着美食，喝着美酒，其乐融融地聊着项目，不管你愿不愿意，都会让人感觉到大家都是在同一旗帜下做着同一份工作。因此，可以说召集大家聚在一起举办庆功宴，对推进创意项目来说意义非凡。

dof 公司的『快乐鬼十则』

💡 标语化的行为指南

　　dof 公司一直想要制作一份能作为工作指针的准则，用来体现我们工作的价值。因为我们一直都是从其他公司接活并为他们创造价值的，但一回头才发现自己公司没有形成明确的行为指南。

　　在公司规模不大时，这算不上是什么问题，但考虑到今后公司的持续成长和人员增加等可能性，我们有必要开始制作公司的行为指南。经过多方考虑后，我们决定以电通公司著名的"鬼十则"为蓝本来做自己的行为指南。因为电通公司的工作模式遭到人们诟病，使得作为电通人行为指南的"电通鬼十则"也被撤销了，这在媒体上都报道过。我们当然也了解这个行为指南所存在的问题，但事实上，包括我在内的电通员工都认为这个"鬼十则"确实是电通人强大的灵魂的基石和工作的精髓。

　　另外，"鬼十则"的内容已经背离当今社会的工作方式，它强调个人是属于公司的，而现代人则认为公司只是很多人的集合体，两者的观念背离太远。因此，我考虑制作行为指南时的重点是在将来的工作方式下如何让个人的实力得到发挥，让有实力的人闪闪发光。在这样的思想指导下，我想要制作一份独特的 dof 公司的"令和时代的'鬼十则'"，我称之为"快乐鬼十则"。在听取公司全体员工的意见并进行多次讨论后，我们开始收集公司员工平日里不经意使用的语言以及我平日里非常重视的语言等。收集好后开始在公司内部进行商业设计，最后交由在表现力创意方面最值得信赖的文案人员中村直史完成。

本书是我写的第一本书，书中列举了我认为非常重要的人和事，而"快乐鬼十则"也可以说是这些重要的人和事浓缩而成的几句话。如果能够给予读者一些启示，我将深感荣幸。

就此搁笔。

专栏 | "快乐鬼十则"

我是一只鬼

我是一只快乐的鬼

　　所有工作必须朝着快乐的方向前进，因为人生来就是为了
享受快乐的。
　　为了能由衷地说出"人生真美好！"而工作、玩乐、生活。
　　为了让自己快乐，我们先要让身边的人快乐起来，
　　这个过程会有矛盾、有困难，但是我们会努力在黑暗中寻
找光明。
　　我们抬头望天、相互声援，我们一起手拉手走向快乐大道。
　　这就是我们 dof 公司的"快乐鬼十则"。

dof

第一则

快乐是三方同行
　　首先要让自己快乐，以快乐的心情让
身边的人快乐，让世界也变得快乐。让你、
让我、让全世界都快乐！
　　你的工作和世界息息相关。

第二则

助人为乐获信任

动漫、电影中的英雄都愿意助人为乐，帮助世界转危为安。其实你也可以做到，尽己所能，不负期待，让世界也变得更快乐吧。

第三则

情、理、利

俗话说，理（情理）通则利（利益）至。但仅是理和利还不够，还须做到以情（心情）动情。dot公司的工作，三者缺一不可。

第四则

静心凝神、换位思考

答案和提示隐藏在世间，人与人之间。置身于时代、社会及人与人之间，站在他人的立场上思考，绝对能找到好创意。

第五则

有好奇心则永不会败

任何时候都别忘了点燃心中的好奇心之火。

然后，借着火光前进，你一定能找到心中最喜欢的自己。

第六则

不做会后悔的事，不如做了再后悔

明知可能会失败，也敢于挑战风险，这是 dot 公司的价值观。

如果你认为可以就去做吧，如果你认为可以就去做吧，行动最重要！失败要趁早，你才能尽快成长。

第七则

不"给予和索取"，而是"只给予"

不断给人带去知识、信息、好心情，不求回报。

赠人玫瑰，手有余香。只给予而不求回报的人是世上最幸福的人。

第八则

公平对待每个人

平等对待所有人，不因性别、国籍、职业、职位等而轻视或怠慢任何人，不厚此薄彼。

第九则

虽说是工作，但也是志向

工作中没有白受的苦。不能让你享受到快乐的工作不如不做。

做一份有志向的工作，为了让自己更富足，为了让自己的人生更快乐，去做一份有益于社会的工作吧。

207

第十则

你不是一个人在战斗

虽然大家的信念不同，性格也不同，工作上有难关，人生中有痛苦。但只要你是dof公司的一员，你就不是一个人在战斗。

大家互帮互助，即使在心情糟糕的时候，也不要一个人难受。

加一则，第十一则

不管怎么说，这是你的人生

dof 公司想带领大家实现梦想，共同创造文化和价值。但是，你的人生是你自己的，不是公司的。

相信自己的喜好，让自己快乐最重要。这样的你们聚在一起才能使 dof 公司成为世界第一快乐的公司。

后　记

本书就如何创意地解决问题进行了详述。如果能给读者一些启发，助大家成功实现能轰动世界的创意或能助推项目获得巨大成功的话，本人将深感荣幸。

相反，对于仅考虑眼前利益的公司管理者来说，本书可能会招致他们的反感。也许有人会这么想："你别光说大话了，按照客户说的去做不就行了吗？"实际上，因与对方公司经营者的意见不合，最后导致项目被推翻的情况我也曾经历过。另外，肯定也有人会这么想，广告客户是订单发出方而我们是接受订单的一方，所以只需按广告客户的要求去做就好了。因为确实也有这样的公司，收了钱就把对方所说的内容照单全收。

但是我们不想这样做，我们认为也不应该这么做。因为这样做只是白白浪费人力和物力而已，得不到大家最想得到的结果。

其实，有一些客户的要求只是"给出一个简单的创意企划案就行"，这对于以"助人为乐"为宗旨的 dof 公司来说当然不是什么难事。但是，这样提出的方案绝对不是最佳方案。如果没有真正理解问题的本质，就无法提出真正有效的方案。重要的是这样做还无法验证能否给消费者和社会带去的价值。

常言道，虽说是工作，但也是志向①。我们的志向是让社会变得更丰富多彩，因此我们要做能创造文化和价值的工作，这才是我们工作的意义。所以，我们不会接受对社会无益的企业和项目的广告委托。

创意解决问题就是用自己的想法完成工作，即用自己的智慧和想法，想方设法地去实现目标。与此相反，只会按别人所说的去做，比如按客户所说的、领导所说的或公司所说的去做，这样对自我成长是没有意义的。另外，我们还必须好好想想自己的工作能给社会带去什么样的价值。

确实，以自己的想法认真工作会比较辛苦，而客户同样也辛苦。但为了帮助企业真正实现和创造出蓝图和价值，就必须面对真实的自己。比如，常问自己"你从没和别人讲过的真实情况是什么"的问题，虽然这样做很辛苦，但不这样做就不可能找到问题的本质。有不少经营者因为辛苦而半途而废，但只要跨过这个难关，就能将之凝练成语言，这时你就能感受到工作带来的喜悦。我愿意分享这样的工作喜悦，因为只有这样的工作才能让社会向好的方向发展。

我们只有在工作中倾注了心血，工作中才能蕴藏着无限的可能。

---

① 日语中的"工作"和"志向"同音。——译者注

在本书写成之际，得到了东洋经济新报社的齐藤宏轨的热心帮助；在书稿结构方面得到了作家上阪撤的大力帮助。在此，向他们致以诚挚的谢意。另外，还要感谢给予我们支持的广告客户、热情且才华横溢的创意者以及各位合作伙伴。今后我们也会继续力求最好的结果且充满信心地推进项目进程。相信有大家的帮助，我们的挑战一定会成功，也一定能让世界变得更好。

特别感谢与我们有相同志向的 CC INC. 公司的董事长户田宏一郎，今后的人生之旅还希望能与其共同携手走下去。我还要感谢拨冗仔细阅读本书书稿并给予了宝贵意见的文案策划员中村直史，祝我们的友谊地久天长！

此外，还有给了我很多刺激和启发的最棒的团队伙伴们，正是因为身边有你们，我每天才能过得这么快乐，今天的角瓶嗨棒也格外好喝。

我还要感谢我非常尊敬的大岛征夫。如果没有您，我也不会有今天。衷心感谢您，请注意不要再喝多了，另外，还希望您能尽早戒烟。我还要感谢 dof 公司和 CC INC. 公司的同事们，正因为有你们在，我每一天的工作才能如此开心，希望今后还能和大家一起，继续通过我们的努力创造文化和价值，让世界变得更快乐！

最后，要感谢含辛茹苦把我抚养长大的父母，以及一直对我不离不弃的妻子美澄，感谢你一直用豁达的胸襟包容我，在今后的人生里请一定给我报答的机会。此外，还要感谢我的长女小英、

长子太一和小女亚里衣，正是因为有了你们，作为父亲的我才能
得以全身心地投入工作中，期待你们轻松超越父亲的那一天。

　　谢谢大家！

斎藤太郎